Angela Englmann

Die acht Brokate

Wege zu mehr Gesundheit und Lebensfreude

LUDWIG

Inhalt

4 **Vorwort**

6 **Danksagung**

6 **Was ist Qi Gong?**

7 **Was bewirkt Qi Gong?**

8 **Der himmlische Kreislauf**

8 Der kleine himmlische Kreislauf

8 Der große himmlische Kreislauf

9 **Das Fühlen des Qi mit Hilfe der Kontaktpunkte**

10 Der Baihui-Punkt

10 Der Yonquan-Punkt

10 Der Laogong-Punkt

10 Das Dantien

10 Übungen für das Spüren des Qi mit Hilfe der Kontaktpunkte

In China wird Qi Gong seit sehr langer Zeit praktiziert. Frei übersetzt ist Qi Gong Meditation in Bewegung.

Im Dantien etwa zwei Finger breit unterhalb des Nabels liegt der »Keim der Gesundheit«.

12 **Wichtige Grundübungen**

12 **Das richtige Stehen**

13 **Übungen für richtiges Stehen**

13 Übungen für die Füße

14 Übungen für Knie- und Hüftgelenke

15 Übungen für das Becken und die Lendenwirbelsäule

16 Übungen für die Wirbelsäule

18 **Die acht Brokate**

18 **Zu den Übungen**

19 Aufbau der Übungen

19 Die Bewegungsabläufe ausführen
19 Die Brokate nacheinander einüben
20 **Die Qi-Atmung**
20 **Innere Sammlung**
21 **Erste Brokat-Übung**
Nach links und rechts sehen, um Krankheiten zu vermeiden, oder sieben Öffnungen schließen
26 **Zweite Brokat-Übung**
Die Welt mit beiden Händen tragen und den Dreifachen Erwärmer regulieren
32 **Dritte Brokat-Übung**
Den Himmel tragen und die Erde stützen, oder Arme hochheben, um Magen- und Milzfunktion zu fördern
38 **Vierte Brokat-Übung**
Nach links und rechts den Bogen schießen
46 **Fünfte Brokat-Übung**
Kopf und Schwanz locker wie ein Fisch bewegen, um das Herzfeuer zu regulieren.
50 **Sechste Brokat-Übung**
Zur Erde beugen oder mit beiden Händen die Füße berühren, um die Nieren zu stärken
53 **Siebte Brokat-Übung**
Mit der Faust stoßen und mit den Augen funkeln
58 **Achte Brokat-Übung**
Der Frühling kehrt ins Leben zurück oder siebenmal klopfen, um Krankheiten zu vermeiden
60 **Wiederholung aller acht Übungen**

62 **Schlusswort**
63 Über die Autorin/Über dieses Buch
64 Register

Die größte Offenbarung ist die Stille. Laotse

Bestandteil der vierten Brokat-Übung ist es, die Bogensehne zu spannen.

Vorwort

Wenn Sie einmal ein Naturerlebnis genießen konnten und sich dabei mit dem Himmel, der Erde und der Landschaft innerlich verbunden fühlten, wenn Sie dann leichte schwingende Bewegungen durchführten, dann haben Sie schon Qi-Gong-Erfahrungen erlebt.

Haben Sie das auch schon erlebt? Sie gehen spazieren, sind ganz in Gedanken versunken und mit Ihren Sorgen und Problemen beschäftigt. Je länger Sie aber gehen, desto mehr lassen diese Gedanken nach, und irgendwann kommen Sie unvermutet an einen Ort mit einer besonders schönen Aussicht.

Fasziniert von diesem Blick über das Land, bleiben Sie wie angewurzelt stehen, sehen den wunderschönen Himmel in einer seiner unendlich vielen Ausdrucksformen. Ob nun in Ihrem wahrgenommenen Bild Wolken in verschiedenen Farbtönen sind, ob dahinter strahlend die Sonne hervorbricht, ob sich ein Regenbogen erhebt oder ob sich der Himmel in strahlend blauem Gewand zeigt: Sie sehen die Landschaft, die Ihr Herz höher schlagen lässt, und fühlen sich mit dem harten oder weichen Boden verbunden. Ihre Gedanken sind jetzt nur noch in diesem Augenblick. Voller Bewunderung nehmen Sie alles um sich herum bewusst in sich auf.

Und Sie machen eine weitere begleitende Erfahrung: Sie fühlen sich durch eine unerklärliche innere Kraft mit dem Himmel, der Erde und der Natur verbunden. Sie saugen alles, was Sie sehen, in sich ein, als wollten Sie es immer in Erinnerung behalten.

Ihre innere Freude regt Sie zu leichten schwingenden Bewegungen an. Ihr Atem fließt ruhig und gleichmäßig. Sie sind froh und heiter. Sie fühlen, wie neue Energie in Ihnen aufsteigt, und kommen mit neuer Kraft versehen nach Hause.

Sie wären vermutlich kaum imstande, dieses innere Erlebnis in Worte zu fassen und anderen mitzuteilen. Trotzdem geht diese Erfahrung nicht verloren. Dieses Gefühl, etwas Besonderes empfunden zu haben, bleibt in Ihrem ureigensten Wesensgrund bewahrt.

Sie haben, vielleicht ohne es zu wissen, eine Qi-Gong-Erfahrung gemacht. Nun werden Sie fragen: »Warum?« Wenn Sie dieses Buch lesen, werden Sie darauf eine Antwort finden.

Danksagung

An dieser Stelle möchte ich meinem hoch geschätzten und verehrten Lehrer, Herrn Professor Zhang Guangde von der Sportuniversität Peking, ein herzliches Dankeschön sagen, weil er mir einen tiefen Zugang zu den Vorstellungen und Lehren des Qi Gong eröffnet hat. Seine liebenswerte Art und sein großes Wissen sprechen gleichermaßen Körper, Geist und Herz eines jeden Schülers an. Man kann einfach nicht anders als ihn bewundern, schätzen und lieben.

Professor Zhang Guangde wird in der gesamten Volksrepublik China geschätzt und wurde durch zahlreiche Auszeichnungen geehrt. 1996 erhielt er beispielsweise von der chinesischen Wushu-Föderation den Titel »Hundert Wushu Meister« und zwei Jahre später die Auszeichnung »Wushu achter Grad«.

Er ist aber auch außerhalb seiner Heimat für seine von ihm entwickelten Übungszyklen bekannt. Der von ihm entwickelte Methodenzyklus wurde allgemein anerkannt und in das nationale chinesische Gesundheitsprogramm aufgenommen.

Trotzdem, oder gerade deshalb, hat er seine traditionellen Wurzeln nicht vergessen. Er versucht, sich in Liebe damit zu befassen und alte Übungsformen nicht nur in sein Programm aufzunehmen, sondern sie auch weiterzuentwickeln. Die acht Brokate, die Professor Zhang unterrichtet und die ich in diesem Buch beschreibe, stammen aus einer jahrhunderte alten Bewegungsreihe. Professor Zhang widmet sich der Aufgabe, sie mit seinem Verständnis und seiner reichen beruflichen Erfahrung wieder zu beleben.

Laotse sagt:
Wen der Himmel bewahren will,
den erfüllt er mit Güte.

Mit Professor Zhang hat es der Himmel ausgesprochen gut gemeint und ihn mit einer Überfülle von Güte bedacht.

Angela Englmann

Wenn Professor Zhang Guangde Qi Gong durchführt, sehen seine Übungen so harmonisch und schwerelos aus, als würde sie ein Engel im Himmel machen.

Was ist Qi Gong?

Qi ist eine Urenergie, die in allen Wesen wohnt. In unserer biblischen Schöpfungsgeschichte heißt es: »Gott haucht dem Menschen den Odem ein.« Dieser Odem ist es, der uns am Leben erhält, uns mit allem verbindet, weil er unsere Lebenskraft ist, die uns überall umgibt.

In der chinesischen Tradition nennt man diese Kraft das Qi. Das Wort »Qi« hat mehrere Bedeutungen. Hier ist die feine und wichtige Substanz gemeint, die wir in Verbindung mit dem Atem aufnehmen. »Gong« (sprich »Gung«) wiederum kann übersetzt werden mit »Arbeit«, »Leistung« oder »Wirkung«. Die Verbindung dieser beiden Wörter würde ich gerne »Energiearbeit« nennen. »Qi Gong« kann aber auch übersetzt werden mit »Erweckung der inneren und äußeren Aufmerksamkeit« oder »Vereinigung von körperlicher und geistiger Bewegung«. Qi Gong ist also, frei übersetzt, Meditation in der Bewegung. Die inneren und äußeren Schwingungen begegnen sich.

Bei Krankheiten wird das Qi weniger, oder es staut sich irgendwo an. Darum ist es wichtig, Qi-Gong-Übungen durchzuführen und die Leitbahnen für diese Energie durchlässiger zu machen. Diese Leitbahnen im menschlichen Körper werden auch Meridiane genannt und verlaufen wie ein verzweigtes Straßensystem mit Haupt- und Nebenstraßen, mit Sammel- und Zentralplätzen über den gesamten Körper.

Qi Gong ist eine Urenergie, die die chinesischen Ärzte schon vor Jahrtausenden erkannten. Dieses Wissen wenden sie seither therapeutisch an.

Schon vor etwa 4 000 Jahren erkannten die chinesischen Ärzte die besondere Heilkraft des frei strömenden Qi und die förderliche Wirkung des Qi Gong auf die menschliche Gesundheit. Wenn Sie regelmäßig eine kleine Serie von Qi-Gong-Übungen durchführen, können Sie diese Erfahrung selber machen. Sie werden feststellen, wie sich Blockaden lösen und Ihr allgemeines Wohlbefinden gesteigert wird.

In diesem Buch wird die traditionelle Medizin des alten China genauso berücksichtigt wie die westliche physiotherapeutische Medizin. Es ist mir ein großes Anliegen, beide Richtungen miteinander zu verbinden.

Was bewirkt Qi Gong?

Wenn Sie mit sich im Reinen sind, bei klarem Verstand und in ausgewogener, ruhiger Gemütsverfassung, dann haben Sie das Gefühl von Harmonie mit sich selbst. Körper, Geist und Seele sind in ausgewogener Gelassenheit; das Qi fließt ungehindert und frei durch Ihren Körper, das heißt, Sie sind gesund.

Sind Sie jedoch durch übermäßige Belastungen körperlich oder geistig zu sehr beansprucht oder in einem seelischen Tief, so fühlen Sie sich müde und erschöpft und leiden. Wenn Sie diesen Zustand nicht abstellen, können Sie krank werden, denn das Qi fließt nicht mehr ungehindert durch den Körper. Blockaden verhindern, dass Sie mit sich in Zufriedenheit und Harmonie leben. Sie müssen sich diese Tatsache bewusst machen, um zu erkennen, wie eng Ihr ausgewogener Zustand und das gleichmäßige Fließen des Qi zusammengehören und wie wichtig dieser Zusammenhang für Ihre Gesundheit ist. Dies ist das Geheimnis der traditionellen Qi-Gong-Übungen, die Ihr Leben bereichern und verlängern können. Das frei fließende Qi bewirkt in Ihrem Körper wohltuende Wärme, pflegt und stabilisiert zusammen mit den anderen Körpersäften den Blutkreislauf und stärkt dadurch auch Ihr Immunsystem, Ihre körpereigenen Abwehrkräfte.

Erhalten oder stärken Sie durch Qi Gong Ihre Gesundheit, und versuchen Sie, in Ihre innere Mitte zu kommen.

Das Ziel ist, dass sich die zwei Gegenpole Yin (beruhigend) und Yang (aktivierend) in der Mitte vereinigen und in die Stille, ins Wu Wei, gelangen. Damit ist nicht eine oberflächliche äußere Stille gemeint, sondern eine innere Stille, welche Sie sich bewusst erarbeiten müssen, um in eine allumfassende Harmonie mit sich selbst, dem ganzen Körper und mit Ihrer Umwelt zu gelangen. Näheres dazu erfahren Sie später. Ganz egal, was Sie beginnen, es ist gegen die Natur, sich am Anfang schon mit dem Ziel zu befassen. Das Ziel kann nur von alleine und ganz unvermutet kommen. Es ist sinnvoller, wenn Sie sich mit dem Weg befassen, denn auch hier gilt: Der Weg ist das Ziel! Als Beispiel aus der Natur möchte ich anführen, dass ein Baum nach dem Pflanzen auch zunächst gepflegt und gegossen werden muss und dann erst unmerklich langsam wächst, bis er groß und stark ist.

Der himmlische Kreislauf

Im Qi Gong werden Sie allmählich immer bewusster in zwei Formen des himmlischen Kreislaufs eingebunden. Damit Sie zu sich selbst finden und in Ihrem Verhältnis zur Umwelt eine harmonische Einheit entwickeln, versuchen Sie, sich mehr und mehr als Teil eines Ganzen zu verstehen.

Der kleine himmlische Kreislauf

Der »kleine himmlische Kreislauf« beginnt unten zwischen Anus und Scheide/Hoden und führt an der Vorderseite des Körpers bis zur Unterlippe (die **du-**Leitbahn = Yin = weiblich, innen, beruhigend = Dienergefäß) und von Anus und Scheide/Hoden ausgehend über den Rücken und über den Kopf bis vor zur Oberlippe (die **ren-**Leitbahn = Yang = männlich, außen, aktiv = Lenkergefäß). Im Mund wird der Kreislauf durch die Zunge geschlossen. Sie bildet eine Brücke, die so genannte Elsterbrücke, indem man sie nach rückwärts hinter den Zähnen einrollt. Dadurch werden auch der Mund und das Kiefergelenk gelockert, und der Speichelfluss wird gefördert.

Verbinden Sie den »großen himmlischen Kreislauf« des Himmels und der Erde mit dem »kleinen himmlischen Kreislauf« in Ihrem Körper.

Der Speichel, der sehr viele nützliche Enzyme enthält, wird in der chinesischen Medizin als der »goldene Saft« bezeichnet. Seine heilende Wirkung können Sie auch am Verhalten vieler Tiere beobachten, die ihre Wunden durch ihren Speichel heilen.

Der große himmlische Kreislauf

Der zweite Kreislauf ist der »große himmlische Kreislauf«. In ihn ist der Mensch als ein Teil von Himmel und Erde eingegliedert. Er ist mit oben, mit dem Himmel, verbunden und bekommt von dort Yang-Energie. Er ist mit unten, mit der Erde, verbunden und bekommt von dort Yin-Energie. Werden Sie sich darüber bewusst, wie das Qi des Himmels und das Qi der Erde sich mit Ihrem eigenen Qi verbinden. Um sich das vorstellen zu können und um zu einem allmählichen Verständnis dieses taoistischen Denkens zu gelangen, rate ich Ihnen, jetzt eine Pause zu machen, still zu werden und noch einmal an das Spaziergangserlebnis zu denken. Ich will

Sie vorerst nicht mit weiterem theoretischen Wissen belasten, denn wichtiger ist, dass Sie selbst erwachen und all dies in eigenen inneren Bildern erspüren.

Laotse sagt:

Wissen führt zu Mehrung.
Wesen führt zu Minderung.
Es mindert Minderung,
bis erreicht ist Nicht-Tun.
So wird alles Wesentliche getan.
Nicht-Tun erreichen heißt,
Himmel und Erde zu Eigen zu bekommen.
Erschlossen allen,
durchdringt alles.
Alles durchdringend, beschließt es alles.

Durch bestimmte Punkte an den Meridianen nimmt das innere Qi Kontakt zum Himmel, zur Erde und zur Natur auf.

Das Fühlen des Qi mit Hilfe der Kontaktpunkte

Qi Gong kann man nicht mit dem Verstand wahrnehmen oder im wahrsten Sinne des Wortes er-fassen, man muss es er-leben. Dieses Erleben wird mit der Zeit immer intensiver. Aber wie fängt man an?
Wir wissen, dass wir im Körper das Qi haben. Es wirkt auf zweierlei Weise. Das weibliche Yin-Qi bewahrt und verteilt sich im Körper. Die männliche Variante, das Yang-Qi, ist dynamisch, dringt nach außen und nimmt den Kontakt zum Qi des Himmels, der Erde und der Natur auf. Im Qi Gong soll beides aktiviert werden: das Fließen, das Kontakt zum »kleinen himmlischen Kreislauf« aufnimmt, und das Fließen – von außen nach innen und von innen nach außen –, das den »großen himmlischen Kreislauf« fördert. Diesen Kontakt nach außen können Sie mit Hilfe bestimmter spezieller Energiepunkte am Körper aufnehmen.

Der Baihui-Punkt

Die Punkte an den Händen (Laogong) können, je nach Lage, zum Himmel, zur Erde, zur Umwelt und zum eigenen Körper zurück Kontakt aufnehmen.

Der oberste Punkt, der Baihui-Punkt, liegt an der höchsten Stelle des Kopfes. Sie finden ihn, indem Sie die Hände von den Ohren senkrecht zum Scheitel führen. Vom Baihui-Punkt nimmt das Qi – wie durch einen goldenen Faden verbunden – Kontakt zum Himmel auf.

Der Yongquan-Punkt

An der Fußsohle finden Sie den Yongquan-Punkt, auch »sprudelnde Quelle« genannt. Er ist der Anfangspunkt des Nierenmeridians. Er nimmt Kontakt zum Qi der Erde auf.

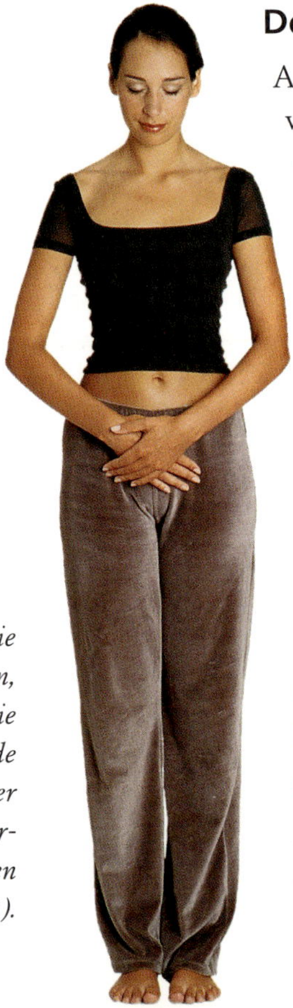

▶ *Spüren Sie Ihr Dantien, indem Sie beide Hände übereinander auf den Unterbauch legen (Abb. 1).*

Der Laogong-Punkt

An der Handinnenfläche finden Sie den Laogong-Punkt. Er wird auch »Palast der mühevollen Arbeit« genannt, liegt auf dem Kreislaufmeridian, der zum Mittelfinger führt, und stärkt den »großen himmlischen Kreislauf«. Entweder nimmt er Kontakt zum Himmel auf – dabei zeigt die Handinnenfläche nach oben –, oder er erhält den Kontakt zur Erde – dabei zeigt die Handinnenfläche zum Boden. Zeigt der Laogong-Punkt zum Dantien, kann auch der »kleine himmlische Kreislauf« gefördert werden.

Das Dantien

Das Dantien oder »Elixierfeld« liegt etwa zwei Finger breit unterhalb des Nabels, wo der »Keim der Gesundheit« und des langen Lebens angesiedelt ist (Abbildung 1).

Übungen für das Spüren des Qi mit Hilfe der Kontaktpunkte

- Fühlen Sie die Qi-Energie, die von der Handinnenfläche zum Unterbauch übergeht, indem Sie beide Hände übereinander auf das Dantien legen – Männer zuerst die linke, Frauen zuerst die rechte Hand. Schließen Sie dabei die Augen, und erspüren Sie die Wärme, Sensibilität und das Fließen des ruhigen kraftvollen Energieflusses, nämlich des Qi.

Damit Sie das Fließen des Qi von den Laogong-Punkten spüren, können Sie die folgenden Übungen durchführen.

- Stützen Sie Ihren Unterarm locker am Oberschenkel auf, nehmen Sie zwei Qi-Gong-Kugeln, und kreisen Sie diese im Uhrzeigersinn vom kleinen Finger abrollend zum Zeigefinger erst in der einen, dann in der anderen Hand etwa fünf Minuten. Sie können auch kleine Holz-, Tischtennisbälle oder Kastanien nehmen (Abbildung 2). Falls Sie diese nicht haben, bringen Sie die gestreckten Hände zur Gebetshaltung (siehe Seite 20) zusammen. Reiben Sie die Handinnenflächen langsam auf und ab.
- Nun nehmen Sie die Hände auseinander und spüren, wie das Qi von der einen Hand zur anderen übergeht. Führen Sie die Hände so weit auseinander, dass Sie den warmen Energiefluss gerade noch fühlen können. Dann verdichten Sie das Qi erneut, indem Sie die Hände wieder zusammenführen. Am Ende falten Sie die Hände vor dem Herzen.

Auch am Fuß können Sie das Qi, das über den Yongquan Punkt Kontakt zur Erde aufnimmt, aktivieren.

- Dazu setzen Sie sich barfuß so auf einen Stuhl, dass die Schienbeine senkrecht stehen, und geben eine Kugel unter den linken Fuß. Rollen Sie ihn mit leichtem Druck fünf Minuten hin und her. Wenn Sie das Gefühl haben, dass die Kugel unter dem Yongquan-Punkt ist, kreisen Sie weitere fünf Minuten. Führen Sie die gleiche Übung mit dem rechten Fuß durch.

Denken Sie an dieser Stelle einmal daran, was für eine schöne Verdichtung der Energie doch die christliche Gebetshaltung in unserer Kultur ist! Leider wurde diese Tradition viel zu sehr vernachlassigt, und die Betenden sind sich dessen häufig nicht mehr bewusst.

◀ Für diese Übung können Sie Qi-Gong-Kugeln oder kleine Bälle verwenden (Abb. 2).

Wichtige Grundübungen

Bevor Sie mit dem Üben der acht Brokate beginnen, ist es wichtig, dass Sie einige Grundübungen kennen lernen. Mit Hilfe dieser Übungen lernen Sie, richtig zu stehen, sich auf das Üben der Brokate einzustimmen und sich innerlich zu sammeln. Sie werden diese Übungen auch immer wieder ausführen, wenn Sie sich nach und nach mit den acht Übungen der Brokate vertraut machen. Für die Übungen benötigen Sie eine ebene Fläche, im Haus oder im Freien, die etwa 1,5 mal 1,5 Meter beträgt. Ihre Kleidung sollte locker und bequem sein. Führen Sie die Übungen, wie die Chinesen, möglichst bei Sonnenaufgang durch.

Wenn man den Körper in eine senkrechte und waagrechte Mitte bzw. Achse einteilt, so ist die Wirbelsäule die senkrechte und das Becken die waagrechte Mitte bzw. Achse. Jede Verlagerung der beiden Achsen bedeutet eine beträchtliche Veränderung der Statik für den ganzen Körper.

Das richtige Stehen

Zur Durchführung der Qi-Gong-Übungen ist es notwendig, dass Sie das richtige Stehen lernen. Es ist wichtig, bei allen Übungen locker und weich, aber doch mit einer gewissen Spannung (keinesfalls Verspannung) zu stehen. Durch eine falsche Statik, also durch Fehlbelastung beim normalen Stehen, können Beschwerden im Fuß-, Knie- und Hüftgelenk entstehen, die sich oft bis in die Bauchhöhle und in den Nacken auswirken. Wir Menschen sind die einzigen Lebewesen mit aufrechtem Gang. Das bedeutet, dass unser ganzes Körpergewicht auf beiden Füßen lastet. Diese Last wird in jeder Bewegung abgefedert, zum einen durch die Fußgelenke, die aus vielen kleinen Knöchelchen bestehen, zum anderen durch die Längs- und Quergewölbe der Fußsohlen. Hier befinden sich auch starke Muskeln. Wenn diese Muskeln nicht mehr arbeiten, wird der Fuß platt. Das bedeutet auch, dass die Längs- und Quergewölbe durchgedrückt sind und Sie die Füße beim Gehen nicht mehr abrollen. Wenn der Schritt dann immer schwerer wird und dadurch auch die Fußgelenke nur teilweise benutzt werden, verändert sich die Statik negativ. Die Folge ist ein nach innen geknickter Plattfuß, der zu X-Beinen führt und häufig bei Frauen vorkommt. Bei Männern wird der Fuß häufiger zu stark nach außen belastet, dadurch entstehen die so genannten O-Beine. Dazu kommt die schlechte Angewohnheit, dass viele Menschen ihr ganzes Gewicht auf ein Bein verlagern, den oberen Beckenrand nach vorne kippen und die Schultern rund nach vorne hängen lassen. Beschwerden des ganzen Körpers, beginnend beim Gefäßsystem in den Beinen oder den Organen im Bauchbereich oder der durch die falsche Haltung verschobenen Wirbelsäule, können die Ursache für viele Krankheiten sein. Können Sie sich vorstellen, was Sie Ihrem Körper mit dieser unachtsamen Haltung antun?

Stärken Sie Ihre Muskeln an der Fußsohle durch einfache Übungen.

Übungen für richtiges Stehen

Mit leichten Übungen, die Sie am besten gleich durchführen, können Sie Ihren Stand verbessern und ein Gefühl für richtiges Stehen bekommen. Sie »behandeln« von unten nach oben zuerst Fußsohlen und Fußgelenke, dann Knie- und Hüftgelenke, Becken und Lendenwirbelsäule und kommen schließlich zu einer aufrechten Haltung.

Übungen für die Füße

Beginnen Sie mit Übungen für die Muskeln an der Fußsohle. Am besten führen Sie die ersten beiden Übungen sitzend durch, denn so können Sie sich besser auf die Muskeln an der Fußsohle konzentrieren.

- Stellen Sie Ihre Füße auf den Boden, und rollen Sie die Zehen ein. Drücken Sie sie gegen den Boden, und spüren Sie, wie die Muskeln an der Fußsohle angeregt werden. Versuchen Sie, die Zehen zehn Sekunden so fest wie möglich nach unten einzurollen und fünf Sekunden wieder locker zu lassen (Abbildung 3).

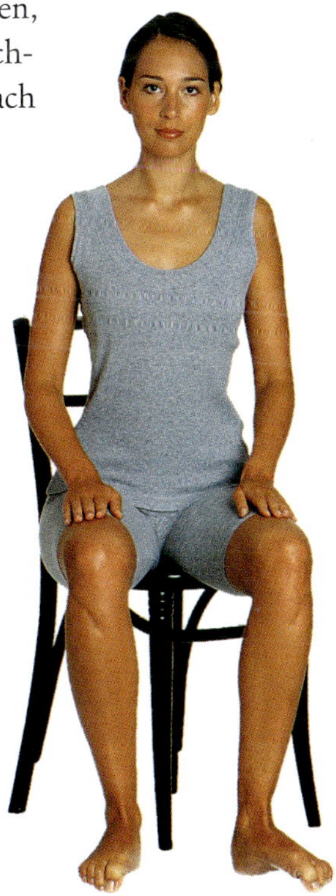

◀ Wiederholen Sie die Übung für die Füße insgesamt sechsmal (Abb. 3).

▶ *Wenn Sie die Zehen einrollen, ist der Übungseffekt noch größer (Abb. 4).*

- Sie spannen die Fußmuskeln anders an, wenn Sie nur die großen Zehen gegen den Boden drücken. Der Rhythmus bleibt gleich: Zehn Sekunden lang nur die großen Zehen drücken und fünf Sekunden locker lassen. Wiederholen Sie die Übung sechsmal.
- Nun stehen Sie auf, um einfache Übungen für die Außenkante der Fußsohlen durchzuführen. Stehen Sie auf der Außenkante, lassen Sie die Knie weich und locker, und gehen Sie drei Minuten im Kreis herum. Bleiben Sie auf der Außenkante, und verstärken Sie die Wirkung, indem Sie dabei die Zehen nach innen einziehen und drei weitere Minuten gehen (Abbildung 4).

Wer zu so genannten X-Beinen neigt, sollte sich immer auf die Außenkanten konzentrieren; wer mehr zu O-Beinen neigt, sollte sich mehr auf den Druck der großen Zehen gegen den Boden konzentrieren.

- Nun versuchen Sie, im Stehen die ganzen Fußsohlen zu spüren, und zwar die Fersen, die Außenkanten, die Fußballen und die zehn Zehen.
- Gehen Sie nun mit aufrechtem Körper langsam ein paar Schritte vor- und rückwärts. Bleiben Sie dann so stehen, dass Ihr Körpergewicht auf den Füßen vorne wie hinten mit gleichem Druck ruht.

Übungen für Knie- und Hüftgelenke

Versuchen Sie, durch die richtige Belastung Ihrer Fußsohlen zum Boden schöne, gerade Beine zu bekommen.

Vielleicht haben Sie von Zeit zu Zeit ein unangenehmes Gefühl in den Knien, darum sollten Sie jetzt auch Übungen für die Knie- und Hüftgelenke durchführen.

- Stellen Sie die Füße zusammen, und legen Sie die Hände so auf die Knie, dass die Finger nach innen zeigen und die Ellbogen vom Körper wegweisen. Versuchen Sie in dieser Stellung, so weit wie möglich in die Hocke zu gehen (Abbildung 5).
- Dann strecken Sie die Arme und die Beine durch und drücken die Handgelenke auf die obere Kante der Kniescheiben (Abbildung 6). Wiederholen Sie die Übung sechsmal, und schütteln Sie dann die Beine zur Entlastung locker.

▲ *Je öfter Sie üben, desto weiter werden Sie in die Hocke kommen (Abb. 5).*

◄ *Drücken Sie die Knie langsam durch. Zu schnelle Bewegungen können schmerzhaft sein (Abb. 6).*

Übungen für das Becken und die Lendenwirbelsäule

Führen Sie nun Übungen für Becken und Lendenwirbelsäule durch.

- Legen Sie die Hände so auf den Rücken, dass die Handgelenke in Taillenhöhe sind und die Finger nach unten zeigen. Stellen Sie die Füße leicht auseinander, lassen Sie die Füße und Knie locker, und kreisen Sie langsam mit dem Becken. Die Schultern sollten dabei ruhig bleiben. Sie können die Bewegung durch einen leichten Druck der Hände unterstützen. Wenn das Becken nach links geht, drücken Sie mit der rechten Hand; geht das Becken nach rechts, drücken Sie mit der linken Hand. Kreisen Sie sechsmal nach rechts und sechsmal nach links (Abbildung 7).
- Damit Ihre Lendenwirbelsäule gedehnt wird, halten Sie sich an einer Türklinke oder einem Treppengeländer fest, stellen die Füße leicht auseinander und gehen in die Hocke (Abbildung 8). Die Fußsohlen, auch die Fersen, bleiben fest auf dem Boden. Lassen Sie sich einfach nach unten hängen. Atmen Sie etwa sechs Atemzüge ruhig und entspannt in den Bereich der Lendenwirbelsäule. Dann gehen Sie wieder hoch. Diese Übung können Sie so oft wiederholen, wie es Ihnen angenehm ist.

Entlasten Sie Ihre Lendenwirbelsäule durch einfache Übungen. Sie werden eine große Erleichterung im Lendenwirbelbereich spüren.

▶ *Halten Sie die Schultern möglichst ruhig, damit sich die Bewegung auf das Becken konzentriert (Abb. 7).*

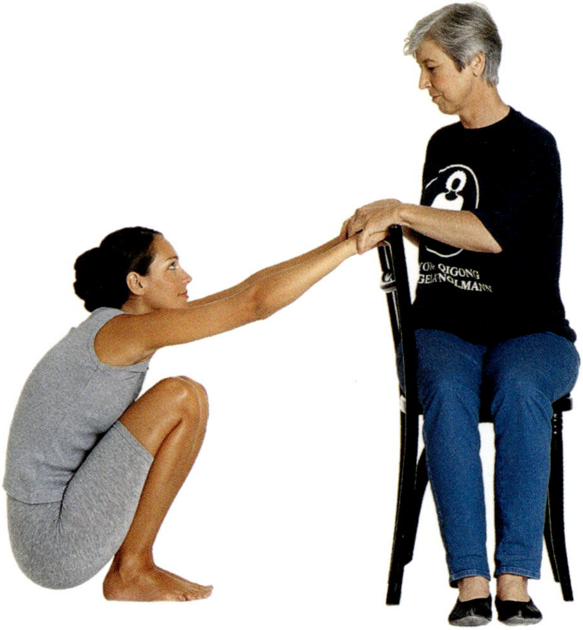

▲ *Diese Übung können Sie auch mit einem Partner oder einer Partnerin durchführen (Abb. 8).*

Übungen für die Wirbelsäule

Wenn Sie jetzt versuchen, bewusst aufrecht zu stehen, werden Sie erleben, wie Ihr Gesichtsradius und das damit verbundene Wahrnehmungsvermögen größer und auch Sie innerlich aufrechter werden.

- Stellen Sie die Füße ungefähr eine Fußlänge auseinander, und lassen Sie ganz locker die Arme nach vorne fallen. Beugen Sie den Rücken nach vorne, und gehen Sie so weit wie möglich mit den Händen nach unten in Richtung Boden. Die Knie bleiben entspannt, Arme und Kopf hängen locker nach unten (Abbildung 9).
- Richten Sie sich langsam, Wirbel für Wirbel abrollend, wieder auf, und lassen Sie die Schultern locker hängen. Richten Sie dann Ihren Hals und Kopf so auf, dass Sie das Gefühl haben, Sie könnten etwas auf dem Kopf tragen, ohne dass es herunterfällt. Stehen Sie fest wie ein Baum, der mit den Wurzeln in der Erde verankert ist, dessen Krone aber zum Himmel strebt (die Knie sind nicht ganz durchgedrückt; Abbildung 10).

- In Ihrer Vorstellung verbinden Sie sich jetzt vom Baihui-Punkt aus durch den »goldenen Faden« mit dem Himmel. Lassen Sie die Arme locker hängen, damit unter den Achseln das Qi fließen kann. Pressen Sie die Finger nicht zusammen, sondern lassen Sie sie entspannt, denn durch Anspannung oder Stau kann grundsätzlich kein Qi fließen.
- Lassen Sie Ihre Knie locker, und fühlen Sie den Kontakt der Fußsohlen zum Boden. Sie stehen gleichmäßig von der Ferse über die Außenkante bis zu den Zehen auf dem Boden. Fühlen Sie die Verbindung, die über den Yongquan-Punkt von der Fußsohle zur Erde führt. Gehen Sie mit der Zungenspitze hinter Ihre Zähne, und spüren Sie, wie Ihr Kiefergelenk ganz locker wird. Atmen Sie ruhig durch.

Für alle Übungen gilt, dass Sie sie ohne Schmerzen durchführen sollen. Beugen Sie sich nur so weit nach unten wie möglich, und führen Sie die Übungen langsam und fließend durch.

Diese Basisübungen dienen nicht nur als Vorbereitung für Qi Gong, sondern fördern auch Ihre Haltung im täglichen Leben. Wenn Sie regelmäßig trainieren, werden Sie eine ganz andere Fußhaltung bekommen, Ihre Knie werden weicher und lockerer, Ihr Becken richtet sich auf und kippt nicht mehr nach vorne, Ihre Lendenwirbelsäule wird elastisch und Ihr Rücken gerade, aufrecht und entspannt. Dabei spüren Sie, dass selbst Ihr Atem tiefer fließt als zuvor.

Bitte übergehen Sie diese Übungen nicht, denn sie sind sehr wichtig für die richtige Ausgangsstellung in den Hauptübungen. Man fängt ja den Hausbau auch mit dem Keller an.

Achten Sie darauf, dass Sie die Knie nicht ganz durchdrücken (Abb. 9).

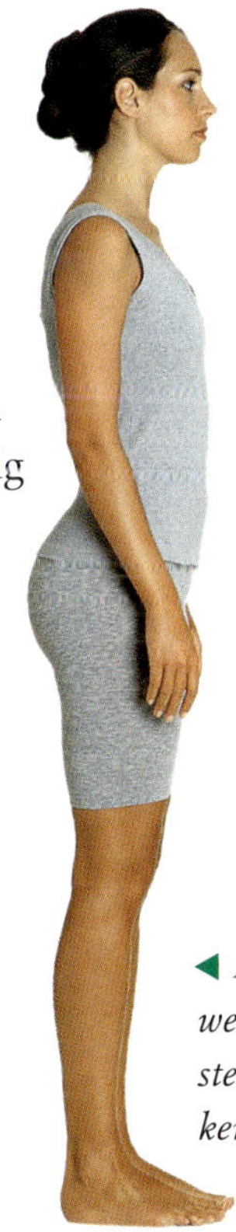

Erst ganz zum Schluss, wenn Sie wieder aufrecht stehen, ist auch der Kopf kerzengerade (Abb. 10).

Die acht Brokate

Die acht Brokate gehören zu den ältesten Übungsformen innerhalb des chinesischen Qi Gong. Schon vor mehr als 1 000 Jahren dienten sie zur Gesunderhaltung und Behandlung von Krankheiten. Die Bezeichnung »acht Brokate« erscheint zum ersten Mal in der Song-Zeit (960 bis 1279 n. Chr.). In der »Sammlung wundersamer Geschichten aus Yijian« (Yijian zhi) schreibt Hong Mai (1123 bis 1202 n. Chr.) über die »acht Brokate«, die ein gewisser Li Siju durchführt. Es lassen sich aber die Anfänge und die verschiedenen Vorformen bis in das 3. und 4. Jahrhundert zurückverfolgen.

Die acht Brokate sind so wertvoll und inhaltsreich wie ein kostbarer gewebter Brokatstoff.

Unter der chinesischen Bezeichnung für die Übungen der acht Brokate versteht man einen besonders wertvollen Brokatstoff. Das aus Seide gewebte Material, das farbig und häufig mit Motiven und Bildern versehen war, wirkt eindrucksvoll und intensiv. Diese große Kostbarkeit und Schönheit sollen auch die Besonderheit dieser Übungsfolge der acht Brokate hervorheben.

Es gibt verschiedene Übungsformen, wobei die südliche chinesische Schule eher die weichen Übungsformen bevorzugt, während die nördliche Schule einen etwas härteren Stil lehrt. Die in diesem Buch vorgestellten acht Brokate folgen der südlichen Schule. Die acht Brokate sind ein sehr altes Übungssystem, das auch heute auf leicht erlernbare Weise eine verjüngende Wirkung auf die Gesundheit und eine bessere Lebensqualität bietet. Der Name jeder Übung hat, wie die meisten Übungsnamen aus dem Qi Gong, einen symbolischen Gehalt.

Die Übungen sind so fotografiert, dass sie wirken, als würden Sie in den Spiegel schauen. Das erleichtert Ihnen zu Beginn das Üben. Die Anleitungen im Text für die linke und rechte Körperhälfte sind korrekt.

Zu den Übungen

Die acht Brokate sind zwar leicht zu erlernen, aber Sie fühlen sich innerlich freier und weicher, wenn Sie ganz langsam beginnen. Mit überstürzter Hast erreichen Sie bei den Übungen des Qi Gong gar nichts.

Aufbau der Übungen

Die Brokate in diesem Buch sind jeweils in Vorübungen und Hauptübungen aufgeteilt. In den Vorübungen lernen Sie, meist im Sitzen, nacheinander die Bewegung einzelner Körperpartien, die Sie dann in der Hauptübung gleichzeitig ausführen.

Die Bewegungsabläufe ausführen

Versuchen Sie nicht, etwas zu forcieren oder besonders schnell und gut zu machen. Ihr wunderbar funktionierender Körper arbeitet in einem so harmonischen Bewegungsablauf, dass jede Übertreibung gegen die natürlichen Abläufe wäre. Die Qi-Gong-Übungen haben den Vorteil, dass sie immer einen schwingenden Gegenpart zwischen Anspannung und Entspannung, zwischen Spannung, wachsender Kraftdynamik und absoluter Lockerung bilden. Aus diesem Grunde ist es wichtig, die Übungen langsam aufzubauen, um immer tiefer in die Bewegungsabläufe hineinspüren zu können. Im Qi Gong herrschen immer die gleichen Grundregeln. Eine leitet sich aus dem Yin-Yang-Prinzip ab und heißt: »Wie unten, so oben, wie rechts, so links.« Das bedeutet, dass Sie, wenn Sie die Arme nach unten führen, gleichzeitig die Beine durchstrecken. Oder dass Sie, während Sie eine Hand nach vorne schieben, Ihre Aufmerksamkeit auf die Schulter rückwärts richten.

Fühlen Sie beim Durchführen der Übungen die wachsende Kraftdynamik und wiederum die Lockerung der Muskeln. Denken Sie an das Yin-Yang-Prinzip »Wie oben, so unten, wie rechts, so links«.

Die Brokate nacheinander einüben

Haben Sie Ihre tägliche neue Übung geübt, führen Sie den gesamten Zyklus der acht Brokate durch, so weit Sie ihn schon beherrschen. Erweitern Sie das Programm jeden Tag um eine Übung. Nach dem Einstudieren machen Sie die Übungen, die Sie schon kennen, wie folgt durch. Dieser Ablauf gilt auch dann, wenn Sie alle Übungen beherrschen.

- Gehen Sie in die Gebetshaltung, wie sie im nachfolgenden Abschnitt »Innere Sammlung« beschrieben ist.
- Nehmen Sie die Grundstellung ein.
- Beginnen Sie dann mit der ersten Hauptübung der acht Brokate.
- Machen Sie die nächste Ihnen bekannte Hauptübung usw.

Die Qi-Atmung

Denken Sie immer wieder daran, nicht nur die acht Brokate, sondern auch die Vorübungen dazu zu wiederholen. Versuchen Sie nach ungefähr zwei Wochen, den Übungszyklus mit der Qi-Atmung zu verbinden. Dabei führen Sie während des Einatmens die Zunge hinter die oberen Zähne, damit der Speichelfluss wie bei einem Stausee gefördert und der »kleine himmlische Kreislauf« geschlossen wird. Atmen Sie in den Bauch, und lassen Sie während des Ausatmens die Zunge wieder locker. Üben Sie die Qi-Atmung erst auf dem Stuhl sitzend, denn dann geht sie leichter, und erst später im Stehen. Die Qi-Gong-Übungen werden auf drei Arten durchgeführt. Sie passieren

- In der Vorstellung,
- In der Bewegung und
- Mit der bewussten Atmung.

Innere Sammlung

Um zur inneren Sammlung zu kommen, konzentrieren Sie sich erst in der Gebetshaltung auf Ihre geistige Bezugsperson.

Diese Übung dient Ihrer inneren Sammlung und dazu, dass Sie sich auf das Üben der acht Brokate einstimmen. Sie sollten diese Sie aus dem Alltag loslösende Übung also immer ausführen, bevor Sie mit den acht Brokaten beginnen.

- Legen Sie Ihre Hände in Gebetshaltung vor dem Herzbereich aneinander, und versuchen Sie zu spüren, wie das Qi gleichmäßig durch Ihren Körper fließt.
- Um zur inneren Sammlung zu kommen und still zu werden, konzentrieren Sie sich auf Ihre eigene Bezugsperson. Das kann Jesus sein oder Ihr Schutzengel, Ihr Namenspatron oder Buddha. Das bleibt Ihnen überlassen. Bleiben Sie aber bei einem Bild, und wechseln Sie nicht von einem zum anderen, sonst verlieren Sie sich wieder im Vielen, und das geht ja dann an der inneren Sammlung vorbei. Sie wollen doch zu Ihrer inneren Mitte finden. Es kann eben auch in der Vielheit immer nur eine einzige innere Mitte geben.

Erste Brokat-Übung

Nach links und rechts sehen, um Krankheiten zu vermeiden, oder sieben Öffnungen schließen

Nehmen Sie die Gebetshaltung ein, und führen Sie dann die am Anfang des Buches beschriebenen Übungen zum richtigen Stehen durch. Beginnen Sie dann mit den Vorübungen zu dem ersten Brokat.

Vorübungen

Sinnesorgane nach innen richten

Lassen Sie Krankheiten und alle negativen Ereignisse hinter sich, indem Sie den Kopf, rückwärts schauend, drehen.

- Beginnen Sie sitzend oder stehend, indem Sie innerlich zurückblickend alle Krankheiten und alles Negative in Ihrem Leben zwar wahrnehmen und sehen, aber doch hinter sich lassen.
- Schließen Sie Ihre Sinne nach außen, und ziehen Sie sie nach innen, indem Sie die sieben Öffnungen am Kopf symbolisch schließen: die Augen für das Sehen, die Ohren für das Hören, die Nasenlöcher für das Riechen und den Mund für das Reden. Sie lassen also alle Krankheiten sehend hinter sich und sammeln sich innerlich.
- Setzen Sie sich jetzt, falls Sie noch nicht sitzen, auf einen Stuhl, und versuchen Sie, bewusst auf eine Fläche – vielleicht eine Tür, eine Wand oder ein Bett – zu schauen. Spüren Sie, wie dabei Ihre Augen angespannt sind. Nun versuchen Sie, in die gleiche Richtung zu sehen, aber schauen Sie die Fläche nicht mehr so bewusst und intensiv an. Nun ist Ihr Auge viel entspannter. Es kommt Ihnen so vor, als würde beim bewussten Sehen Ihr Augapfel ganz vorne arbeiten und beim weniger bewussten, »unscharfen« Schauen der Vorgang im Kopf viel weiter hinten vollzogen werden. Um Ihre Augen zu schonen, versuchen Sie, zehn Atemzüge lang »unscharf« und fünf Atemzüge scharf zu schauen. Dies wiederholen Sie noch einmal.
- Versuchen Sie in der Nase zu spüren, wie die kühle Luft von außen in Ihren Körper eindringt und wie sie innen im Körper ganz warm wird.
- Versuchen Sie, die Geräusche außen wahrzunehmen und nach innen lauschend nur noch Ihren Atem zu hören.

Während Sie den Hals rückwärts drehen, muss er gerade sein. Während Sie die Schultern drehen, müssen diese locker sein.

- Versuchen Sie, als letzte der sieben Öffnungen – Ihren Mund und Ihre Lippen – ruhig und entspannt, aber geschlossen zu lassen.
- Lassen Sie die Arme hängen, und ziehen Sie die Schultern zehn Atemzüge lang zu den Ohren hoch, um sie dann schwer fallen zu lassen.
- Kreisen Sie die Schultern fünfmal langsam vorwärts und fünfmal rückwärts. Lassen Sie dabei den Atem ruhig fließen, damit kein innerer Stau entsteht.

▲ *Machen Sie die Übung in kleinen, fließenden Bewegungen (Abb. 11).*

Einen imaginären Wasserhahn auf- und zudrehen

- Lassen Sie die Arme und Schultern entspannt und locker hängen. Versuchen Sie, so aufrecht zu sitzen, dass Sie besonders im Brustwirbelbereich gerade sind. Ziehen Sie die Schultern leicht nach vorne, und drücken Sie sie wieder nach hinten. Bewegen Sie Ihre Hände dabei genau so, als würden Sie einen Wasserhahn, der aus dem Boden herausragt, auf- und zudrehen (siehe Abbildung 11).
- Wiederholen Sie das Ganze fünfmal nach vorne und nach hinten. Das ist besonders gut für Ihre Schulter-, Ellbogen- und Handgelenke.
- Lassen Sie die Finger locker hängen, drehen Sie die Hände nach hinten, und bringen Sie die Schulterblätter rückwärts möglichst weit zusammen. Die Schultern müssen Sie dabei tief halten (siehe Abbildung 12).

Führen Sie diese Übungen auch im Alltag durch, wenn Sie sich dabei beobachten, dass Sie sich mit vorne hochgezogenen Schultern, verspannten Händen und Fingern in einer Fehlhaltung befin-

▶ *Ein Tipp: Setzen Sie sich die ersten Male zur Kontrolle vor einen Spiegel (Abb. 12).*

den. Denn durch diese Fehlhaltung werden die Brustmuskeln verkürzt und ihre »Gegenspieler«, die Rückenmuskeln, überdehnt, so dass die Brustkorbatmung beeinträchtigt wird. Diese Übung ist gut für die Meridiane an den Armen und Händen. (Das sind Lungen-, Dickdarm-, Kreislauf-, Dreifacher-Erwärmer-, Herz- und Dünndarmmeridian.)

Führen Sie nun die ganze Übung durch, indem Sie aufrecht stehen und die dazugehörigen Vorübungen wiederholen.

Kopf sanft nach links und rechts drehen

- Führen Sie jetzt leichte Drehübungen für die Halswirbelsäule aus. Ziehen Sie das Kinn etwas zur Brust, und versuchen Sie, Ihren Hinterkopf möglichst hoch zu ziehen. Spüren Sie wieder den »goldenen Faden«, der Sie vom Baihui-Punkt aus nach oben zieht. Versuchen Sie dabei, ganz »unscharf« zu schauen (Abbildung 13).
- Nun drehen Sie Ihren Kopf Halswirbel für Halswirbel langsam zur linken Seite, ohne Ihren Hals dabei zu beugen. Stellen Sie sich vor, etwas Zerbrechliches auf dem Kopf zu tragen. Der ganze Rücken, vor allem die Brustwirbelsäule und der Hals, bleiben gerade. Der »goldene Faden« an der höchsten Stelle des Kopfes, am Baihui-Punkt, soll Sie nach oben ziehen. Gehen Sie langsam, Wirbel für Wirbel drehend, wieder zurück. Führen Sie dann die Übung zur anderen Seite durch (Abbildung 14). Wiederholen Sie die Übung noch zweimal nach jeder Seite. Lassen Sie den Atem dabei ruhig fließen.

Gerade unser Hals und unsere Halswirbelsäule sind stark belastet. Unser Kopf ist sehr schwer, und wir neigen dazu, diesem Gewicht auszuweichen, indem wir den Hals, der diese Last tragen muss, nach vorne oder zur Seite hin verlagern. Das Strecken der einzelnen Wirbel und das Drehen sind für Ihren Hals eine Wohltat. Außerdem ist diese Übung sehr gut für die Bandscheiben, sie verhindert Fehlhaltungen im

◀ *Achten Sie bei der Übung für die Halswirbelsäule darauf, dass Sie ganz gerade sitzen (Abb. 13).*

Halswirbelbereich und trägt zur Entlastung der Wirbelsäule bei. An der Halswirbelsäule werden alle Meridiane, die zum Kopf gehen, angeregt. (Das sind Dickdarm-, Dünndarm-, Magen-, Dreifacher-Erwärmer-, Gallen- und Blasenmeridian, also alle Yang-Meridiane.)

▲ *Spüren Sie, wie Sie der »goldene Faden« gerade nach oben zieht (Abb. 14).*

Hauptübung

- Stehen Sie nun vom Stuhl auf, und stellen Sie sich so hin, wie Sie es in den Übungen zum richtigen Stehen geübt haben. Die Beine sind zusammen. Fühlen Sie die Ferse, die Außenkante der Füße und die Zehen. Lassen Sie die Knie ganz locker. Pendeln Sie mit Ihrem Körper so lange hin und her, bis Sie einen festen Stand gefunden haben. Das Becken ist aufrecht; Rücken und Hals sind dann gerade, wenn Sie sich mit dem »goldenen Faden« nach oben gezogen fühlen; das Kinn ist leicht angezogen, Schultern, Arme und Hände hängen locker nach unten.
- Richten Sie alle Sinne, also Seh-, Geruchs- und Gehörsinn, nach innen, und lassen Sie den Mund geschlossen.
- Drehen Sie jetzt langsam Wirbel für Wirbel den Kopf nach links, und ziehen Sie zugleich die Schultern nach hinten. Gleichzeitig drehen Sie Arme und Hände so, dass die Handinnenflächen nach vorne und die Daumen nach außen weisen (Abbildung 15). Der Brustkorb wird gedehnt, die Schultern bleiben tief, und die Schulterblätter ziehen sich zusammen. Während dieser Drehbewegung von Kopf, Armen und Händen atmen Sie ruhig ein (Abbildung 16).
- Drehen Sie Hals und Arme zur Ausgangsstellung zurück, atmen Sie aus. Dabei ist zu berücksichtigen, dass die Bewegung den Atem führt und nicht der Atem die Bewegung. Also: Der Atem soll sich nach der Geschwindigkeit der Bewegung richten und nicht umgekehrt.

Da Sie die Übungen im Sitzen gut vorbereitet haben, versuchen Sie jetzt, richtig zu stehen und die Hauptübung im Stehen durchzuführen.

● Führen Sie die Übung anschließend zur anderen Seite hin aus: Drehen Sie den Kopf nach rechts, ziehen Sie die Schultern nach hinten. Drehen Sie Arme und Hände so, dass die Handinnenflächen wieder nach vorne und die Daumen nach außen zeigen. Wiederholen Sie die Übung nochmals nach beiden Seiten.
Richten Sie während der Übung Ihren Blick nach innen. So vermeiden Sie Ablenkung von außen und erzielen ein besseres Übungsergebnis.

Denken Sie daran, dass Ihre Wirbelsäule vom Steißbein bis zum Hals gerade ist, dass Ihre Schultern locker sind und dass auch Ihr Becken gerade ist.

▲ *Hier lernen Sie, mehrere Bewegungsabläufe gleichzeitig zu koordinieren (Abb. 15).*

▲ *Atmen Sie während der Übung ruhig ein und aus (Abb. 16).*

Zweite Brokat-Übung

Die Welt mit beiden Händen tragen und den Dreifachen Erwärmer regulieren

Der Dreifache Erwärmer ist der »Vater« aller Yang-Meridiane. Er wärmt Brustkorb, Magen- und Darmbereich. Alle Yang-Meridiane beginnen oder enden am Kopf.

Der Dreifache Erwärmer ist ein Meridian, der vom Fingernagel des Ringfingers aus lateral, also zum kleinen Finger zeigend, am Arm entlang über das Ohr bis zur Augenbraue führt. Er reguliert die Lebenssäfte und ist der »Vater« aller Yang-Meridiane. Yang ist immer das Aktivierende, Dynamische. Der Dreifache Erwärmer wärmt Brustkorb, Magen- und Darmbereich.

Beginnen Sie mit den Vorübungen für diese zweite Übung, dann vollziehen Sie wieder die Übungen für das richtige Stehen (siehe Seite 13ff.). Anschließend üben Sie die zweite Hauptübung aus den acht Brokaten viermal im Stehen.

Danach beginnen Sie mit dem Üben des Gesamtzyklus, soweit Sie ihn inzwischen beherrschen: Gehen Sie zunächst in die Gebetshaltung, und führen Sie dann aus den acht Brokaten die erste Brokat-Übung insgesamt zweimal nach jeder Seite und anschließend die zweite Brokat-Übung viermal durch.

Vorübungen für Finger und Hand

Finger einrollen

- Setzen Sie sich auf die Vorderkante eines Stuhls. Lassen Sie die Beine ganz locker, wobei die Knie nach außen zeigen und die Füße etwa einen halben Meter auseinander stehen. Die Schulter ist locker, der Arm in Taillenhöhe nach vorne angewinkelt, so dass die Haut entspannt nach vorne zeigt.
- Führen Sie Übungen für die Finger durch, indem Sie die Finger einer Hand beim kleinen Finger beginnend bis zum Daumen wie einen Fächer nacheinander einwärts rollen (Abbildung 17) und dabei die Hand zu einer kleinen Hohlfaust formen. Öffnen Sie die Hand, indem Sie beim Daumen beginnend die Finger leicht durchstrecken. Dies wiederholen Sie insgesamt zweimal.

◀ *Rollen Sie die Finger der linken Hand einzeln wie einen kleinen Fächer ein (Abb. 17).*

◀ *Drehen Sie beim Einrollen der Finger die ganze Hand nach außen (Abb. 18).*

◀ *Verschränken Sie die Finger, und drehen Sie die Hände um (Abb. 19).*

◀ *Strecken Sie die Arme abschließend nach vorne durch (Abb. 20).*

- Dann bewegen Sie das Handgelenk mit, indem Sie beim Einwärtsrollen der Finger die ganze Hand nach außen drehen (Abbildung 18) und beim Öffnen der Finger die Hand zur Ursprungshaltung zurückkehren lassen.

Führen Sie auch diese Bewegung zweimal durch, dann wiederholen Sie sie mit der anderen Hand, schließlich mit beiden Händen gleichzeitig.

Damit das Qi gut fließen kann und die Meridiane, die an den Fingerspitzen beginnen bzw. enden, nicht gestaut werden, richten Sie Ihre besondere Aufmerksamkeit auf weiche Bewegungen in den Hand- und Fingergelenken.

Handflächen und Fingerspitzen auseinander und zusammen führen

- Halten Sie die Hände nun vor den Brustkorb. Dabei sind die Unterarme in waagrechter Position, die Handgelenke sind angewinkelt, und die Finger weisen nach oben, wie in der Gebetshaltung auf Seite 20 beschrieben. Führen Sie die Hände so weit auseinander, dass sich nur noch die Fingerspitzen beider Hände berühren. Führen Sie die Hände langsam wieder zusammen, bis die Innenflächen aneinander liegen. Lösen Sie die Übung auf, indem Sie die Hände ebenso langsam wieder voneinander fortbewegen.
- Verschränken Sie die Finger ineinander (Abbildung 19), drehen Sie die Hände dann um, und drücken Sie die Innenflächen nach vorne (Abbildung 20).
- Strecken Sie die Arme locker nach vorne durch, ohne dabei die Schultern mitzuziehen.

Verschränkte Hände vor dem Körper bewegen

- Strecken Sie die Arme, und führen Sie die gestreckten Arme vor dem Körper hoch und tief sowie nach rechts und links. Die Finger müssen bei dieser Bewegung ineinander verschränkt bleiben, und die Handinnenflächen sollen nach außen zeigen.
- Kreisen Sie mit leicht durchgestreckten Armen vor dem Körper. Stellen Sie sich dabei vor, Sie würden mit den Handinnenflächen ein Fenster putzen, und spüren Sie die Bewegung in den Finger-, Hand- und Schultergelenken. Kreisen Sie mit den Fingern zweimal nach jeder Richtung. Fühlen Sie, wie Ihre Hand- und Fingergelenke immer geschmeidiger werden.

◀ *Bevor Sie die Arme in Brusthöhe heben, liegen sie locker auf den Oberschenkeln (Abb. 21).*

◀ *Drehen Sie nun die Handinnenflächen langsam nach außen (Abb. 22).*

◀ *Strecken Sie die Arme mit den Handinnenflächen nach außen nach oben durch (Abb. 23).*

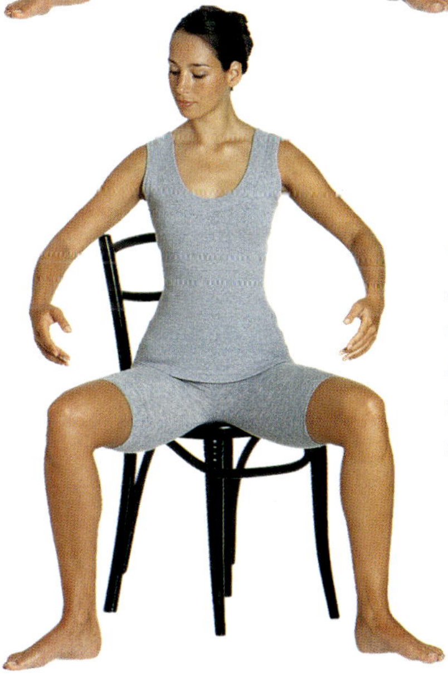

◀ *Führen Sie bei der Abwärtsbewegung einen leichten Druck nach unten aus (Abb. 24).*

Die Arme führen eine spiralförmige Kraftdynamik durch, so dass die Armmuskeln aus einem ursprünglich entspannten Zustand immer mehr Kraft aufbauen.

Verschränkte Hände in einer Drehung nach oben führen

- Heben Sie jetzt die ineinander verschränkten Hände langsam vor dem Körper bis in Brusthöhe, indem Sie die Ellbogen seitwärts anwinkeln. Die Handinnenflächen zeigen nach oben (Abbildung 21).
- In Brusthöhe drehen Sie beim Daumen beginnend die Hände um (Abbildung 22) und strecken die Arme nach oben durch, die Handinnenflächen sehen wieder nach oben (Abbildung 23).

Versuchen Sie nicht, mit den ganzen Handflächen, sondern nur mit den Handgelenken nach oben zu drücken. Die Schulter bleibt locker. Spüren Sie die spiralförmige Kraftdynamik in den Armen, ohne die Arme dabei ganz durchzustrecken.

- Führen Sie die Arme seitwärts nach unten auseinander. Stellen Sie sich dabei vor, mit den Händen einen leichten Ballon nach unten zu drücken (Abbildung 24).

Wichtig ist, dass Sie dabei nie die Arme ganz durchstrecken und die Schultern immer locker hängen lassen.

- Versuchen Sie, Ihre Arme bei dieser Bewegung anzusehen, um die Ausführung der Bewegung beobachten und kontrollieren zu können, und zählen Sie dabei langsam bis 20. Damit erreichen Sie, dass sogar das Einwärtsdrehen der Arme bei der Rückkehr zur Ausgangshaltung weich ist.

Führen Sie diese Übung dreimal durch, und spüren Sie dabei in Ihren Körper hinein. Nach einiger Zeit setzen Sie die Übung mit weiteren Bewegungen fort. Gehen Sie dabei wie folgt vor.

- Setzen Sie sich gerade hin, und führen Sie die ineinander verschränkten Finger, wie zuvor beschrieben, nach oben. Richten Sie Ihren Rücken gestreckt auf. Dabei dehnen Sie die Brustwirbelsäule langsam leicht nach vorne.
- Sehen Sie Ihren Händen, während sie nach oben gehen, nach. Der Kopf darf bei der Aufwärtsbewegung der Arme nicht in den Nacken fallen, denn das würde die Halswirbelsäule zu stark belasten. Und noch eines ist bei dieser Übung zu bedenken: Jede Bewegung des Kopfes rückwärts soll bei der Brustwirbelsäule beginnen und nicht erst vom Hals an durchgeführt werden.

Hauptübung

- Führen Sie auch bei dieser Hauptübung als Vorbereitung zunächst die Vorübungen zum richtigen Stehen durch (siehe Seite 13ff.).
- Stehen Sie völlig aufrecht. Die Arme hängen locker vor dem Körper nach unten, die Finger sind ineinander verschränkt, und die Handinnenflächen zeigen nach oben. Halten Sie die Hände so, als trügen Sie die Weltkugel mit beiden Händen. Blicken Sie dabei in Richtung Ihrer Hände.
- Führen Sie die Hände nun auf Brusthöhe (Abbildung 25), drehen Sie sie um, und sehen Sie ihnen nach, während Sie sie nach oben bewegen (Abbildung 26). Lassen Sie die Schultern locker, spüren Sie die Dehnung des Brustkorbes, und fühlen Sie, wie Sie tiefer durchatmen können. Fühlen Sie auch, wie Ihre Hände ganz weich sind und wie die Kraft in den Armen, die zuerst ganz locker sind, zunimmt, je weiter Sie sie nach oben führen.
- Führen Sie die Arme zur Seite, dann mit langsamen weichen und runden Bewegungen nach unten. Geben Sie die Hände in die Ausgangsstellung vor den Körper, wieder mit dem Gefühl, Sie wollten die ganze Weltkugel mit beiden Händen tragen.

Wiederholen Sie diese Übung insgesamt dreimal. Fühlen Sie, wie durch diese Übung Ihr Brustkorb gedehnt und Ihr Atem tiefer wird. Tiefe Entspannung breitet sich in Ihrem Körper aus.

◄ *Achten Sie darauf, dass Sie die Schultern locker lassen (Abb. 25).*

▼ *Der Blick nach oben ermöglicht ein freies Durchatmen (Abb. 26).*

Dritte Brokat-Übung

Den Himmel tragen und die Erde stützen oder Arme hochheben, um Magen- und Milzfunktion zu fördern

Der Magen- und Milzmeridian befindet sich an der Vorderseite des Körpers. Der Magenmeridian verläuft vom unteren Drittel des Augenwinkels (von innen aus gesehen vor dem Körper) zu den zweiten Zehen (neben den großen Zehen). Die Magenleitbahn ist ein Yang-Meridian, und der dazugehörige Yin-Meridian ist die Milz-Pankreas-Leitbahn. Sie verläuft von den großen Zehen aus vor dem Körper nach oben bis unter die Armachse. Daraus lässt sich erkennen, dass während der Übung der Körper von der Mitte aus gestreckt werden soll. Die Streckung und Dehnung spüren Sie nicht nur am Rücken, sondern auch in den Armen. Dort wirkt sich wie bei der letzten Übung eine Spiraldynamik aus. Sie werden auch die Beweglichkeit und Dehnung in den Schulter-, Hand- und Fingergelenken spüren.

Vorübungen für den linken und rechten Arm

Hand auf Brusthöhe heben und wieder nach unten senken

Führen Sie wieder langsam – auf dem Stuhl sitzend – Vorübungen durch, damit Sie gezielt Ihre Aufmerksamkeit auf die einzelnen Körperteile richten können.

- Beginnen Sie wieder auf dem Stuhl sitzend. Der linke Arm hängt locker vor Ihnen zwischen den Beinen, die Fingerspitzen zeigen nach innen (Abbildung 27).
- Heben Sie die linke Hand vor den Körper, bis sie in Brusthöhe ist, die Handinnenfläche zeigt nach oben.
- Ihre Schulter ist locker, und das Ellbogengelenk ist nach außen gerichtet. Lassen Sie den Oberarm locker. Am besten überprüfen Sie, ob Ihr Arm wirklich locker ist, indem Sie ihn fest an den Körper drücken und dann nochmals locker lassen.
- Führen Sie die Hand zurück in die Ausgangsposition mit dem Gefühl, als würden Sie einen leichten Ballon auf der Hand tragen, der nicht herunterfallen darf. Um dieses harmonische Zusammenspiel Ihrer lockeren Schulter, Ihres Armes und der Hand zu verinnerlichen, wiederholen Sie die Übung noch zweimal.

◀ *Zu Beginn der Übung hängt der Arm locker zwischen den Beinen (Abb. 27).*

◀ *Führen Sie die Hand langsam mit der Handinnenfläche nach oben (Abb. 28).*

◀ *Achten Sie darauf, dass Sie den Arm nicht ganz durchstrecken (Abb. 29).*

◀ *Bei der Abwärtsbewegung zeigt die Handinnenfläche nach unten (Abb. 30).*

Eine Hand mit einer Drehung nach oben führen

- Bringen Sie Ihre linke Hand wieder in Brusthöhe, die Handinnenfläche zeigt nach oben (Abbildung 28). Während Sie jetzt langsam den Arm nach oben führen, drehen Sie den Handrücken so weit einwärts, dass die Handinnenfläche wieder nach oben zeigt.
- Drücken Sie das Handgelenk nach oben, lassen Sie aber die Schulter locker und entspannt. Es entsteht dabei in Ihrem Arm eine starke Anspannung. Der Arm darf nicht ganz durchgestreckt sein, sonst geht die Kraft verloren (Abbildung 29). Wie unterschiedlich die Kraft in einem durchgedrückten bzw. lockeren Arm ist, stellen Sie fest, indem Sie den Arm zunächst durchstrecken. Führen Sie auch diese Bewegung langsam und sorgsam durch, es kommt nicht auf Schnelligkeit an.

Versuchen Sie, die Bewegung erst mit einem Arm durchzuführen. Wenn Sie beide Arme nehmen, dann haben Sie das Gefühl, einen Bogen zu spannen.

Ziehen Sie dann die Schulter nach oben, und drücken Sie die ganze Handfläche nach oben. Ziehen Sie dann wieder die Schulter zurück, und halten Sie den Arm nicht ganz steif, strecken Sie nur das Handgelenk nach oben durch.

- Drehen Sie oben die Hand um, so dass die Handinnenfläche mit dem Laogong-Punkt wieder nach unten zeigt, und führen Sie den Arm locker vor dem Körper nach unten (Abbildung 30). Sie haben das Gefühl, einen Luftballon nach unten zu drücken; dadurch führen Sie den Arm ganz weich, lassen das Handgelenk locker und die Finger entspannt. Drehen Sie dann die Hand in Brusthöhe um, so dass der Laogong-Punkt nach oben zeigt.
- Führen Sie beide Vorübungen in einer Bewegung zusammen durch. Schauen Sie dabei Ihrem Arm und Ihrer Hand nach, und kontrollieren Sie Ihre Bewegung. Lassen Sie immer Ihren Atem locker fließen. Wiederholen Sie die Übung zweimal – und führen Sie sie dann auch mit der rechten Hand durch.

Die andere Hand abstützen

- Lassen Sie jetzt den linken Arm zur Seite hängen, und winkeln Sie die linke Hand an, so dass der Laogong-Punkt, der an der Handinnenfläche ist, Kontakt zum Boden aufnehmen kann. Die Finger zeigen dabei nach vorne.

● Drücken Sie das Handgelenk nach unten, so als wollten Sie sich auf der Erde abstützen (Abbildung 31). Auch hierbei ist der Arm nicht ganz durchgestreckt. Dies gelingt Ihnen, wenn Sie sich nur auf das Handgelenk und nicht auf die ganze Handfläche konzentrieren. Die Schulter zieht leicht nach unten. Sie sitzen gerade und geben dem Druck nicht mit dem Oberkörper nach. Dabei spüren Sie eine Dehnung im Hals- und Schulterbereich.

● Gehen Sie in die Ausgangsstellung zurück, indem Sie wieder den Arm locker angewinkelt vor dem Körper hängen lassen und die Handinnenfläche nach oben wenden. Wiederholen Sie diese Bewegung insgesamt zweimal.

Fühlen Sie das Zusammenspiel beider Arme und Hände, indem die Arme und Hände im gleichen Augenblick und in der gleich wachsenden Stärke angespannt und locker gelassen werden.

◀ Führen Sie die Bewegung auch mit dem anderen Arm durch (Abb. 31).

◀ Denken Sie daran, dass Sie den Kopf bei der Übung still halten (Abb. 32).

Eine Hand mit Drehung nach oben, die andere zum Abstützen nach unten führen

● Jetzt verbinden Sie beide Armbewegungen miteinander, was Ihnen am Anfang möglicherweise nicht ganz leicht fallen wird. Sie sitzen aufrecht auf der vorderen Stuhlkante und nehmen die Beine leicht auseinander. Die Arme hängen locker vor dem Körper, die Fingerspitzen sind zueinander gerich-

Es ist am Anfang etwas schwierig, die zwei verschiedenen Bewegungen der rechten und der linken Hand zu koordinieren.

tet, die Hände weich und rund. Stellen Sie sich vor, Sie würden eine Schale in den Händen tragen.

- Führen Sie den linken Arm bis in Brusthöhe locker, dann immer mehr anspannend, indem Sie die Hand umdrehen (spüren Sie die beginnende Kraftdynamik) und das Handgelenk nach oben drücken. Gleichzeitig geben Sie den rechten Arm zur Seite und drücken die rechte Hand so fest nach unten, als würden Sie sich mit dem Gelenk auf die Erde stützen (Abbildung 32). Der Druck von beiden Armen geht vom Handgelenk aus. Die Arme sind dabei nicht ganz durchgestreckt, Ihr Kopf bewegt sich nicht. Ihre Arme fühlen sich an wie ein ausgewrungenes Handtuch. Die Kraft geht von einer Hand über den Arm durch den Schultergürtel in der Mitte bis zum anderen Arm und dessen Hand. Sie haben das Gefühl, als würden Sie den Himmel tragen und sich auf die Erde stützen. Auf diese Weise wird Ihr Brustkorb gedehnt. Ihre linke Hand nimmt über den Laogong-Punkt Kontakt zum Yang-Qi des Himmels und die rechte Hand zum Yin-Qi der Erde auf. Beide Energieströme vereinigen sich in Ihrer Körpermitte.

▶ *Die Übung im Stehen ermöglicht ein noch freieres Fließen der Energie (Abb. 33).*

- Führen Sie locker den oberen Arm vor dem Körper nach unten, drehen Sie dabei die Hand um, und führen Sie die untere Hand nach innen. Beide Arme und Hände treffen sich in der Ausgangsposition. Wiederholen Sie die Übung zweimal nach jeder Seite.

Hauptübung

- Stellen Sie sich hin und versuchen Sie, die Übung im Stehen durchzuführen. Achten Sie auf die Stellung Ihrer Fußsohlen auf dem Boden, auf Ihre Knie- und Hüftgelenke, Ihr aufgerichtetes Becken und Ihre nach oben gestreckte Haltung, lassen Sie Ihre Schultern jedoch locker hängen.

Nehmen Sie über den Yongquan-Punkt an der Fußsohle Kontakt zur Erde und über den Baihui-Punkt am Kopf Kontakt zum Himmel auf. Die Arme hängen locker vor dem Körper, und die Finger sind nach innen gerichtet. Führen Sie die linke Hand nach oben, und drücken Sie gleichzeitig die rechte Hand seitwärts vom Handgelenk aus nach unten. Führen Sie nun langsam zweimal nach jeder Seite die gleiche Übungsfolge mit den Armen durch, die Sie auf dem Stuhl sitzend vorgeübt haben. Ihr Blick bleibt während der Übung die ganze Zeit nach vorne gerichtet (Abbildungen 33/34).

- Versetzen Sie sich in Ihren Gedanken wieder in Ihre Traumlandschaft. Dann führen Sie die bis jetzt gelernten Übungen, das heißt die erste und die zweite Brokat-Übung, nacheinander durch:
- Zuerst sammeln Sie sich innerlich wieder in der Gebetshaltung und konzentrieren sich auf das Dantien.
- Dann üben Sie den ersten, den zweiten und den dritten Brokat.

Denken Sie bei der Durchführung daran, dass die Qi-Gong-Übungen erstens aus der Vorstellung, zweitens der Bewegung und drittens aus der Atmung bestehen.

◀ *Mit dieser Armhaltung schaffen Sie die Verbindung zwischen Himmel und Erde (Abb. 34).*

Entwickeln Sie die imaginäre Vorstellung zu Ihrer Umwelt, indem Sie die Verbindung zum Himmel (Yang) und zur Erde (Yin) bewusst aufnehmen. Führen Sie Ihre Bewegung weich und geschmeidig durch, und lassen Sie dann den Atem mit der Bewegung gleichmäßig fließen. Spüren Sie die Verwurzelung in der Erde und den Kontakt zum Himmel. Sie sind eins mit dem Kosmos. Lassen Sie sich bei der Übung nicht durch störende äußere Einflüsse wie Telefon oder Fernseher ablenken.

Stellen Sie sich vor, Sie würden den Himmel tragen und sich auf die Erde stützen und wie eine Brücke die beiden Welten von oben nach unten miteinander verbinden.

Vierte Brokat-Übung

Nach links und rechts den Bogen schießen

Vorübungen

Arme waagrecht seitwärts führen

Drehen Sie den linken Arm vor dem Körper locker nach außen, und formen Sie dann so den Arm und die Hand, als wollten Sie mit drei Fingern den Bogen halten und mit zwei Fingern die Richtung weisen.

- Beginnen Sie die Übung wieder, indem Sie aufrecht mit geradem Rücken auf der vorderen Stuhlkante sitzen. Führen Sie die in der zweiten Brokat-Übung (siehe Seite 26ff.) beschriebenen Vorübungen für die Finger- und Handgelenke durch, damit Finger und Hände weich und geschmeidig werden.
- Bewegen Sie die Arme in die gleiche Ausgangsstellung wie bei der dritten Übung: Die Arme hängen leicht angewinkelt vor Ihrem Körper, die Finger sind einander zugewandt und die Hände so locker, als würden Sie eine kostbare Schale tragen.

Drehen Sie die Hände jetzt um – die Innenflächen zeigen nach außen –, und führen Sie die Arme waagrecht auseinander. Stellen Sie sich vor, Sie würden mit den Armen und den Händen Wasser zur Seite schieben. Heben Sie die Arme dabei bis in Schulterhöhe seitwärts hoch, die Daumen zeigen immer noch nach hinten und der Laogong-Punkt nach oben. Die Muskeln und die in den Armen befindlichen Meridiane werden durch diese verdrehte Haltung wie ein nasses Handtuch ausgepresst, und die Durchblutung und die Verbindung in den Meridianen werden verbessert. Wiederholen Sie diese Vorübung zweimal.

Den Bogen halten

- Heben Sie für den zweiten Teil der Übung die linke Hand so vor den Brustkorb, dass ihre Innenfläche zum Brustkorb zeigt. Die Hand soll etwa 20 Zentimeter von der Brust entfernt sein. Halten Sie die Hand nicht zu nah an den Brustkorb, da sonst eine kleine Spannung im Ellbogengelenk entsteht. Der Ellbogen ist schräg nach links unten gerichtet. Rollen Sie die unteren drei Finger, also kleinen, Ring- und Mittelfinger, leicht ein, und strecken Sie den Zeigefinger nach oben und den Daumen zur Seite (Abbildung 35).

◀ *Halten Sie die Hand etwa 20 Zentimeter vom Körper entfernt (Abb. 35).*

◀ *Wenn Sie den Arm nach außen führen, bleibt die Schulter locker (Abb. 36).*

◀ *Spannen Sie nun die Sehne. Der Daumen zeigt dabei nach oben (Abb. 37).*

◀ *Wenn Sie den Arm nach außen führen, bewegt sich der Kopf mit (Abb. 38).*

- Führen Sie nun den Arm von sich weg nach links außen, ohne ihn dabei ganz durchzustrecken und ohne den Ellbogen während der Bewegung nach hinten zu ziehen. Achten Sie darauf, dass Sie dabei locker im Schultergelenk sind. Die Hand- und Fingerstellung wird beibehalten, so dass der Zeigefinger weiterhin nach oben und der Daumen zurück zum Körper zeigt (Abbildung 36).
- Sehen Sie immer zur linken Hand. Dadurch werden Kopf und Halswirbelsäule gedreht. Wiederholen Sie die Übung zweimal zur linken Seite, und achten Sie darauf, dass die Bewegung weich bleibt. Versuchen Sie, die Übung ebenso oft mit dem rechten Arm nach rechts, also dreimal durchzuführen. Die eingerollten drei Finger und die zwei leicht durchgestreckten Finger bleiben locker, und der Arm wird nie ganz durchgestreckt.

Fühlen Sie, während Sie den Arm nach außen ziehen, wie Ihr Brustkorb gedehnt und der Oberarmmuskel leicht angespannt wird.

Die Bogensehne spannen

- Halten Sie zur nächsten Vorübung die rechte Hand im gleichen Abstand wie bei der letzten Übung vor den Brustkorb.
- Rollen Sie vier Finger der rechten Hand leicht ein, als würden Sie mit den Fingern die Sehne eines Bogens spannen, der Daumen zeigt nach oben (Abbildung 37).
- Ziehen Sie Ihren Ellbogen so weit nach außen, bis die Hand mit den leicht eingerollten Fingern vor dem Schultergelenk ist (Abbildung 38). Das Handgelenk ist locker, und die Schulter bleibt wieder entspannt und tief. Die Hand ist ungefähr eine Handbreite von der Schulter entfernt. Drehen Sie, während Sie die rechte Hand vor die Schulter führen, Ihren Kopf nach rechts. Wenn Sie aufrecht sitzen, werden Sie eine leichte Spannung und Dehnung im Brustkorb spüren.

Führen Sie wieder die Übung dreimal nach jeder Seite durch.

Bogen halten und Bogensehne spannen

- Verbinden Sie die Vorübungen, indem Sie wieder die Ausgangsstellung einnehmen: Die Arme hängen leicht angewinkelt vor Ihrem Körper, die Finger sind einander zugewandt und die Hände so locker, als würden Sie eine kostbare Schale tragen.

- Führen Sie die Hände von unten seitlich bis in Brusthöhe nach oben, dabei zeigen die Handinnenflächen nach außen. Drehen Sie die Hände jetzt so um, dass die Handinnenflächen nach innen weisen.
- Überkreuzen Sie nun die Handgelenke vor dem Brustkorb, wobei sich die Handgelenke nicht berühren. Der linke Arm ist innen. Die Ellbogengelenke hängen locker und entspannt nach unten, und die Fingerspitzen zeigen schräg nach links bzw. rechts oben. Halten Sie die Arme und die Hände entspannt. Die Hände sind wiederum etwa 20 Zentimeter vom Brustkorb entfernt.
- Rollen Sie an der linken Hand drei Finger ein, und sehen Sie ihr nach, während Sie den Arm in weich fließender Bewegung nach links außen führen (Abbildung 39).

◀ *Wenn Sie den Bogen spannen, ist der Rücken gerade, und die Schultern sind entspannt (Abb. 39).*

◀ *Lösen Sie die Bogenstellung auf, indem Sie den rechten Arm zur Seite führen (Abb. 40).*

Achten Sie darauf, dass Sie auf den Außenkanten, den Zehen und den Fersen stehen. Wenn Sie ins Knie gehen, fühlen Sie, dass Ihr Körpergewicht mehr rückwärts auf die Ferse verlagert ist und dass Ihr Becken weich nach unten geht.

Gleichzeitig fassen Sie die Sehne des Bogens mit den vier Fingern der rechten Hand und ziehen sie bis vor das rechte Schultergelenk. Achten Sie darauf, dass Sie Ihre rechte Schulter nicht hochziehen. Lösen Sie die Handstellung auf, strecken Sie auch den rechten Arm weich zur Seite, und führen Sie beide Arme langsam seitwärts zur Ausgangsposition zurück (Abbildung 40).

Wiederholen Sie die Übung, wobei diesmal beim Überkreuzen der Handgelenke die rechte Hand innen ist, und führen Sie dieselbe Übung wie oben beschrieben zur anderen Seite durch.

Reitersitz

- Stehen Sie bitte auf, und üben Sie einen neuen Stand, den so genannten Reitersitz. Als Vorübung dafür rollen Sie erst den linken Fuß bei der Ferse beginnend bis zu den Zehen ab, bis nur noch die Zehenspitze auf dem Boden ist. Dann rollen Sie den Fuß in umgekehrter Weise wieder auf den Boden ab. Das Gleiche führen Sie mit dem anderen Fuß durch. Wiederholen Sie dies viermal (Abbildung 41).
- Dann sinken Sie leicht ins rechte Bein, rollen den linken Fuß von der Ferse aus ab und stellen ihn eine Schrittlänge vom rechten Fuß auf (Abbildung 42). Achten Sie darauf, dass Sie beim Aufstellen des Fußes locker im Fußgelenk sind und der Fuß von der Spitze aus abgerollt wieder aufgestellt wird.
- Das Gleiche führen Sie zur rechten Seite durch. Wiederholen Sie die Übung viermal nach jeder Seite.
- Nun versuchen Sie, den ganzen Ablauf des Reitersitzes zu üben. Stellen Sie wieder, in gleicher Weise wie bei der letzten Vorübung, den linken Fuß zur Seite, aber diesmal weiter als vorher, so dass die Beine etwa schulterbreit auseinander stehen.
- Sitzen Sie in Ihrer Phantasie auf einem Pferd. Die Knie sind nach außen gerichtet, und Sie haben das Gefühl, als würde der Rücken des Pferdes die Knie auseinander drücken. Sie stehen fest auf den Fersen, den Außenkanten und den Zehen Ihrer Füße, die ganz gerade nach vorne – nicht nach innen oder zur Seite – zeigen. Ihr gesamtes Körpergewicht ruht auf den Fersen.

Gehen Sie weich in den Reitersitz hinein. Spüren Sie dann in dieser Haltung, wie die Oberschenkel angespannt und die Knie nach außen gedrückt werden.

Um zu kontrollieren, ob Ihre Knie und Ihr Oberkörper wirklich nach hinten gelagert sind, schauen Sie einfach nach unten. Wenn Sie Ihre Zehenspitzen sehen können, ohne sich dabei nach vorne zu beugen, dann stehen Sie richtig.
Eine andere Kontrolle ist folgende: Versuchen Sie, in dieser Haltung die Fersen hochzuheben. Wenn Ihr Körpergewicht auf den Fersen ist und Sie die Fersen nicht hochbekommen, dann stehen Sie richtig. Spüren Sie die Dehnung in der Lendenwirbelsäule. Wenn Sie eine noch stärkere Dehnung im Lendenwirbelbereich wollen, dann spannen Sie zusätzlich die Gesäßmuskeln an. Sie spüren in dieser Haltung auch die Anspannung auf der Innenseite Ihrer Oberschenkelmuskeln. Es ist ein fester Stand und entspricht der Grundhaltung: unten fest, oben leicht. Je fester Sie unten sind, umso leichter und flexibler können Sie sich oben bewegen.

- Strecken Sie in dieser Haltung die Beine leicht durch, und gehen Sie wieder ins Knie. Wiederholen Sie die Bewegung in den Beinen noch zweimal, und stellen Sie dann, wie bei der Vorübung, das linke Bein wieder an das rechte.
- Führen Sie den Reitersitz zweimal nach jeder Seite durch. Denken Sie an das weiche Hineinge-

◀ *Der Reitersitz ist eine hervorragende Dehnungsübung. Achten Sie auf die richtige Haltung (Abb. 41).*

Während Sie im Reitersitz stehen, stellen Sie sich vor, Sie hätten einen Pferderücken zwischen den Beinen.

◀ *Knicken Sie leicht mit dem rechten Knie ein, und stellen Sie den linken Fuß etwa einen Schritt weit vom rechten Fuß auf (Abb. 42).*

hen in den Stand und an die Stellung des Fußes und des Knies. Achten Sie auf die Streckung der Lendenwirbelsäule, und denken Sie auch an die Verlagerung des Körpergewichts auf die Ferse, da ansonsten der Dehnungseffekt ausbleibt.

Hauptübung

Gut vorbereitet können Sie nun oben und unten, das heißt die Arm- und Beinbewegungen, verbinden. Haben Sie das Gefühl, als würden Sie auf einem Pferderücken sitzend mit dem Bogen schräg zur Seite zielen?

Gut vorbereitet können Sie nun die ganze Übung durchführen, das heißt alle Vorübungen zusammenfügen. Dabei ist ein Koordinationsdenken von oben nach unten und von rechts nach links erforderlich.

- Stellen Sie sich aufrecht hin. Während Sie mit dem linken Fuß zur Seite in den Reitersitz gehen, führen Sie die Arme von unten langsam in Schulterhöhe seitwärts hoch und sehen während dieser ganzen Übung zur linken Hand. Die Handinnenfläche zeigt zuerst nach rückwärts (Abbildung 43).
- Drehen Sie die Hand um, und winkeln Sie die Arme nach oben an, bis sich die Handgelenke vor dem Brustkorb kreuzen, die linke Hand ist nach innen gerichtet (Abbildung 44). Um eine größere Kraftanspannung in den Beinen zu fördern, denken Sie einfach an Ihre leicht nach außen gedrückte Kniestellung sowie an die Gewichtsverlagerung nach hinten auf die Fersen.
- Führen Sie, wie an der Sehne eines Bogens ziehend, den rechten Arm zurück (Abbildung 45). Man könnte sagen: Sie sitzen auf einem Pferd und zielen mit dem Bogen schräg nach links außen. Fühlen Sie sich in den Bewegungsablauf eines Bogenschützen ein.
- Lösen Sie diese Haltung wieder auf, und kreisen Sie mit den Armen nach unten zurück. Ziehen Sie das linke Bein langsam zum rechten zurück. Beginnen Sie die gleiche Übung nun zur anderen Seite, und führen Sie diese zweimal nach jeder Seite durch. Ziehen Sie das linke Bein zum rechten wieder heran (Abbildung 46).

Dieser besonders harmonische Bewegungsablauf lockert die Schultern, dehnt den Brustkorb, kräftigt die Oberschenkelmuskeln und regt alle Meridiane an, da der gesamte Körper aktiviert wird. Diese Brokat-Übung ist auch gleichzeitig eine wertvolle Atemübung, da der Brustkorb und somit auch die Lungen gedehnt werden.

◀ *Während Sie in den Reitersitz gehen, führen Sie gleichzeitig langsam die Arme hoch (Abb. 43).*

◀ *Beim Überkreuzen der Hände liegt die linke unter der rechten Hand (Abb. 44).*

◀ *Ziehen Sie wieder den Bogen. Die Füße stehen dabei etwa einen Schritt auseinander (Abb. 45).*

◀ *Bevor Sie zur Ausgangsposition zurückkehren, führen Sie den rechten Arm nach außen (Abb. 46).*

Fünfte Brokat-Übung

Kopf und Schwanz locker wie ein Fisch bewegen, um das Herzfeuer zu regulieren

Wenn Sie innerlich zu viel Hitze und »Herzfeuer« haben, so wird für Sie diese Übung eine große Bereicherung sein. Sie fühlen sich dabei munter wie ein Fisch im Wasser.

Wenn Sie zu viel Hitze und inneres Feuer haben, sollten Sie vor allem diese Übung durchführen, denn sie reduziert Ihr »Herzfeuer«. Menschen mit zu viel Feuer haben nach der traditionellen chinesischen Medizin zu wenig Wasser. Der Nierenfunktionskreislauf muss aus diesem Grunde gefördert werden. Der Nierenmeridian verläuft von den kleinen Zehen innen, also medial über die »sprudelnde Quelle« (Yongquan-Punkt), über die Fußsohle vorne am Körper entlang nach oben bis unter das Schlüsselbein. Die Übung sollte also besonders auf die Vorderseite des Körpers wirken und sie dehnen.
Beginnen Sie wieder mit Vorübungen auf dem Stuhl, um sich besser auf die einzelnen Körperteile konzentrieren zu können.

Vorübungen

Hände weich auf die Oberschenkel setzen

- Setzen Sie sich auf die vordere Stuhlkante. Die Beine stehen etwas auseinander. Heben Sie die leicht nach vorne durchgestreckten Arme vor dem Körper bis in Brusthöhe hoch (Abbildung 47). Die Handinnenflächen zeigen nach oben, so dass der Laogong-Punkt Kontakt zum Himmel aufnehmen kann. Lassen Sie die Ellbogengelenke locker. Ob die Ellbogen wirklich locker sind, können Sie feststellen, indem Sie die Ellbogengelenke zuerst so fest wie möglich zusammenziehen, etwas in der Anspannung verharren und sie dann locker lassen. Ihre Schultern, Ihre Ellbogengelenke, Ihre Handgelenke, Ihre Hände und Finger sind locker. Es ist, als würden Sie eine Feder auf Händen tragen, die nicht herunterfallen darf.
- Nun drehen Sie die Hände um und führen sie weich und fließend nach unten zu den Oberschenkeln. Legen Sie Ihre Handflächen so auf den Oberschenkeln auf, dass die Finger nach innen und die Daumen nach außen zeigen (Fingerhaltung siehe Abbildung 49). Die Arme sind

dabei leicht nach außen geschwungen und entspannt. Sitzen Sie aufrecht, und spüren Sie Ihre zwei Sitzhöcker.

Oberkörper schräg seitwärts dehnen

- Dehnen Sie den Körper schräg nach links, als würde Sie der »goldene Faden« auf dem Baihui-Punkt am Kopf schräg nach links oben ziehen. Ihr Körper bleibt ganz gestreckt. Ihre rechte Seite wird dadurch vom Becken nach oben gehend über die Taille, den Brustkorb bis zum Nackenbereich gedehnt (Abbildung 48).
- Gehen Sie langsam wieder in die Ausgangsstellung zurück, bis Sie das Gefühl haben, dass Ihr »goldener Faden« am Baihui-Punkt Sie wieder in der Mitte nach oben zieht.

Wiederholen Sie die Übung, diesmal aber zur rechten Seite. Spüren Sie, wie Sie vom Baihui-Punkt am Kopf aus schräg nach rechts oben gezogen werden. Nehmen Sie gleichzeitig die Dehnung Ihres Körpers auf der linken Seite wahr. Der Nierenmeridian, der an der Vorderseite des Körpers von der Fußsohle aus nach oben verläuft, wird ebenso nach links und rechts gedehnt.

Setzen Sie sich auf den Stuhl, und spüren Sie gleichzeitig beide Sitzhöcker. Stellen Sie sich vor, ein »goldener Faden«, der vom Baihui-Punkt am Kopf nach oben geht, zieht Sie schräg zur Seite nach oben.

◀ *Setzen Sie sich mit leicht gespreizten Beinen auf die Stuhlkante, und heben Sie die Arme auf Brusthöhe (Abb. 47).*

◀ *Wenn Sie sich vom »goldenen Faden« ziehen lassen, bleibt Ihr Körper gestreckt (Abb. 48).*

- Führen Sie die Übung noch einmal nach jeder Seite durch.
- Dann halten Sie die Hände wieder vor dem Körper hoch, drehen die Hände um (die Handinnenflächen zeigen wieder nach oben), geben die Arme etwas auseinander und führen sie langsam kreisförmig zur Ausgangsstellung - seitwärts nach unten hängend - zurück. Wiederholen Sie die Übung einmal.

Hauptübung

- Stellen Sie sich hin, und kontrollieren Sie wieder, ob Sie in der Fußhaltung, im Becken, in den Schultern, im Hals- und Nackenbereich richtig stehen.
- Sinken Sie ins rechte Bein. Rollen Sie den linken Fuß von der Ferse aus ab, und stellen Sie ihn zum Reitersitz nach links langsam auf (siehe Seite 42). Die Beine sind gestreckt.
- Gleichzeitig führen Sie Ihre Arme, so wie Sie es im Sitzen geübt haben, locker vor dem Körper in Brusthöhe hoch, dann nach unten. Legen Sie die Hände auf die Oberschenkel. Der Daumen zeigt wieder nach außen. Gleichzeitig sinken Sie in die Knie (Abbildung 49). Achten Sie sehr sorgfältig darauf, dass Ihr Rücken gerade ist und die Knie nach außen gedehnt werden. Dabei sollten Sie nicht zu weit nach vorne gehen. Fühlen Sie ganz bewusst Ihre Füße, die Sie vor allem an der Ferse und den Außenkanten spüren.

Gehen Sie in den Reitersitz, und bewegen Sie so weich wie ein Fisch ganz locker den Kopf nach links und rechts.

- Die Zehen zeigen wie bei allen Qi-Gong-Übungen nach vorne, das Körpergewicht ist hinten auf den Fersen. Sie spüren, wie sehr Ihre Oberschenkel angespannt sind. Ihr Becken bleibt so fest in der Mitte, als würden Sie noch auf dem Stuhl sitzen.
- Versuchen Sie wieder, wie bei der Vorübung, Ihren Körper vom Becken an erst schräg nach links und dann nach rechts zu dehnen (Abbildung 50). Anschließend drehen Sie ihn noch einmal nach links. Achten Sie darauf, dass Ihr Körper gerade ist. Fühlen Sie sich wie ein Fisch im Wasser, und führen Sie die Übung genauso locker durch wie ein schwimmendes Fischlein.
- Ziehen Sie schließlich den linken Fuß zum rechten heran, und gehen Sie in die Ausgangsstellung.

- Wiederholen Sie die Übung, indem Sie jetzt ins linke Bein sinken und dann das rechte Bein zum Reitersitz zur Seite geben.

Dehnen Sie den Körper erst nach rechts, dann nach links und dann wieder nach rechts. Wenn Sie also den linken Fuß zur Seite setzen, gehen Sie zweimal nach links und einmal nach rechts. Setzen Sie den rechten Fuß zur Seite, gehen Sie zweimal nach rechts und einmal nach links.

Gut vorbereitet schwingen Sie sich in Ihre visuelle Vorstellung ein und beginnen mit allen Übungen, die Sie bis jetzt gelernt haben. Achten Sie darauf, dass der Hals wirklich schräg zur Seite und nicht zu stark nach oben oder nach unten zeigt. Das ist zwar sehr ungewohnt und bedarf einer gewissen Übung, aber dadurch bleibt die Wirbelsäule gerade und macht nicht ab der Halswirbelsäule einen Knick. Bleiben Sie aber unten mit dem Becken fest in der Mitte, ohne dabei zur Seite nachzugeben.

Die Wirkung merken Sie erst, wenn Sie die Übung öfter wiederholen. Sie wird dadurch immer mehr verinnerlicht. Alles, woran Sie am Anfang denken mussten, fällt durch die wiederholende Bewegung langsam weg.

◄ *Führen Sie die Arme locker bis auf Brusthöhe. Die Füße stehen wieder einen Schritt weit auseinander (Abb. 49).*

◄ *Dehnen Sie Ihren Oberkörper erneut, indem Sie sich durch den »goldenen Faden« nach oben gezogen fühlen (Abb. 50).*

Sechste Brokat-Übung

Zur Erde beugen oder mit beiden Händen die Füße berühren, um die Nieren zu stärken

Während Sie bei der letzten Übung den Nierenmeridian gedehnt haben, werden jetzt die Nieren selbst gestärkt. So wird die Tätigkeit der Nieren besonders unterstützt. Diese Übung entspannt und dehnt auch den Rücken. Führen Sie auch diese Übung ruhig und sorgfältig aus.

Vorübungen

Sich mit gestrecktem Rücken nach vorne beugen

- Zur Vorübung setzen Sie sich wieder auf die vordere Stuhlkante und legen Ihre Hände im unteren Rückenbereich auf die Nieren. Sehen Sie auf einen Punkt in der Ferne, der etwa in Kniehöhe von Ihrem Körper weg liegt. Gehen Sie dabei mit gestrecktem Rücken nach vorne. Fühlen Sie die Dehnung von Nieren und Lendenwirbelsäule. Atmen Sie vier Atemzüge in dieser Lage, dann gehen Sie mit geradem Rücken mit dem Kopf zuerst langsam wieder hoch.

Mit den Händen die Füße berühren

- Strecken Sie zur nächsten Übung die Beine fast nach vorne durch, die Fußsohlen berühren aber noch den Boden. Die Hände liegen leicht auf den Oberschenkeln und gleiten an den Beinen entlang in Richtung Füße. Der Rücken bleibt weich und gerade (Abbildung 51).

  Bleiben Sie, solange es Ihnen angenehm ist, in dieser Stellung, und fixieren Sie immer noch den Punkt, denn dadurch wird die Brustwirbelsäule gestreckt und gekräftigt.

Bleiben Sie weich in Ihren Bewegungen, und gehen Sie ohne Ehrgeiz nur so weit, wie es Ihnen angenehm ist.

- Wenn Sie die Dehnung im Rücken noch weiter verstärken wollen, ziehen Sie langsam die Unterschenkel nach hinten an und belassen Ihre Hände dabei an den Fußgelenken. Die Arme sind seitwärts neben den Knien (Abbildung 52). Atmen Sie vier Atemzüge in dieser Haltung, und gehen Sie wieder mit geradem und an der Lendenwirbelsäule weichem Rücken hoch.

▲ *Achten Sie darauf, dass Sie den Rücken auch in der Dehnung gerade halten (Abb. 51).*

◀ *Dehnen Sie nur so lange weiter, wie es Ihnen angenehm ist. Atmen Sie vor allem gleichmäßig (Abb. 52).*

Hauptübung

- Stellen Sie sich jetzt bitte hin, die Beine sind zusammen, gestreckt, aber nicht angespannt. Führen Sie nun im Stehen die Bewegung durch, die Sie zuvor im Sitzen geübt haben.
- Ihre Arme hängen leicht angewinkelt und entspannt vor dem Körper, die Handinnenflächen zeigen zunächst nach oben, so als wollten Sie eine Schale halten.
- Sehen Sie wieder in der Ferne ungefähr in Kniehöhe einen Punkt an, und beugen Sie langsam, beim Becken beginnend, den gestreckten Oberkörper nach vorne.
Dabei drehen Sie die Handinnenfläche nach unten, die Fingerspitzen zeigen zueinander (Abbildung 53).
- Wenn Ihr Oberkörper waagrecht ist, verharren Sie, wenn Sie die Übung zum ersten Mal durchführen, einen Augenblick. Überlegen Sie, ob Sie noch weiter nach unten können und wollen. Sollten Sie jetzt schon die Dehnung Ihres Rückens spüren, bringen Sie Ihren Oberkörper besser nicht weiter nach unten. Sollten Sie aber in Ihrer Wirbelsäule und im

Dehnen Sie die Lendenwirbelsäule, und beugen Sie den Oberkörper, so weit es Ihnen angenehm ist, nach unten.

Fühlen Sie die Dehnung Ihres Rückens, und führen Sie dabei den Kopf nach vorne und nicht nach unten. Dadurch wird der Rücken gestreckt, und es entsteht kein Überdruck bzw. zu starker Blutdruck im Kopf.

Hüftgelenk sehr beweglich sein, so können Sie versuchen, mit den Händen die Füße zu berühren (Abbildung 54). Sie sehen immer noch etwas von den Füßen weg nach vorne. Dadurch wird die Brustwirbelsäule noch mehr gedehnt, und es kann kein zu starker Blutandrang im Gehirn entstehen, das heißt, Sie bekommen nicht den unangenehmen roten Kopf, der ein Indiz ist, dass die Körperhaltung oder die Atmung nicht korrekt ist.

- Richten Sie sich wieder, mit dem Kopf führend, so auf, wie Sie es auf dem Stuhl geübt haben.
- Lassen Sie die Arme locker, wenn Sie aufgerichtet sind, und geben Sie die Hände wieder vor den Körper. Fühlen Sie, wie Ihr Rücken gestreckt und doch weich ist. Versuchen Sie, die Übung noch dreimal durchzuführen. Dann wiederholen Sie die vorangegangenen Übungen und ergänzen die sechste Übung, indem Sie diese viermal durchführen.

Unser Rücken soll wie ein Bambus sein, der einerseits weich und biegsam, andererseits aber stark und kräftig ist. Versuchen Sie, Elastizität, Kraft und Stärke in Ihre Wirbelsäule zu bekommen.

◂ *Fixieren Sie einen Punkt, und beginnen Sie mit der Beugung (Abb. 53).*

◂ *Achten Sie darauf, dass Sie sich am Anfang nicht überdehnen (Abb. 54).*

Siebte Brokat-Übung

Mit der Faust stoßen und mit den Augen funkeln

Während dieser Übung können Sie Ihren Ärger oder Frust oder Ihr zu starkes Temperament loslassen oder wegstoßen. In der traditionellen chinesischen Medizin würde man sagen, wer zu viel Yang hat, sollte diese Übung durchführen, um anschließend ruhiger, zufriedener und fröhlicher zu werden.

Beginnen Sie bei den Vorübungen wieder mit den Armen und den Schultern. Diese Bewegung wird auch in allen asiatischen Kampfsportarten durchgeführt und erzeugt sehr viel Kraft.

Endlich können Sie einmal Ihrem Ärger und Ihrem Frust freien Lauf lassen und im wahrsten Sinne des Wortes die Luft wieder reinigen

Vorübungen

Eine Schulter waagrecht nach hinten führen

- Setzen Sie sich, ohne sich anzulehnen, auf den Stuhl, und legen Sie die Hände auf die Oberschenkel.
- Kreisen Sie, um das Schultergelenk zu lockern, langsam mit der linken Schulter viermal vorwärts und viermal rückwärts.
- Ziehen Sie die Schultern mit gestrecktem Hals und Kopf viermal hoch und tief. Wenn Sie mit der Schulter nach unten gehen, spüren Sie die starke Dehnung im Schulter- und Nackenbereich.
- Lassen Sie zur nächsten Übung die Schultern ganz tief, und sitzen Sie aufrecht.
- Stellen Sie sich vor, Sie trügen ein schweres, mit Wasser gefülltes Gefäß auf der linken Schulter. Führen Sie in dieser Stellung die Schulter waagrecht nach hinten, und denken Sie dabei an das Gefäß, das nicht herunterfallen und dessen Inhalt nicht verschüttet werden darf. Spüren Sie die Dehnung vorne im Brustmuskel und die Anspannung am Rückenmuskel neben der Wirbelsäule, die bis nach unten zur Lendenwirbelsäule reicht.
- Gehen Sie locker in die Ausgangshaltung nach vorne zurück, und wiederholen Sie die Übung dreimal. Anschließend führen Sie die Übung mit der rechten Schulter insgesamt viermal durch.

Es ist für den Ablauf sehr wichtig, dass Sie diese Bewegung gut beherrschen. Außerdem dehnt sie den Brustkorb optimal, der bei vielen vorne verkürzt ist. Dabei dehnen sich auch die damit verbundenen Atemmuskeln, die Zwischenrippenmuskeln. Die Dehnung vergrößert und stärkt dadurch Ihr Atemvolumen.

Um gezielt Kraft aufzubauen, ist es wichtig, an das Yin-Yang-Prinzip zu denken, also sich beim Nach-vorne-Stoßen nicht auf die vordere Hand, sondern auf die hintere Schulter zu konzentrieren.

Faust mit halber Drehung nach vorne stoßen

- Als Nächstes lassen Sie den linken Oberarm locker hängen und winkeln ihn in Taillenhöhe nach vorne an.
- Formen Sie die linke Hand zu einer leichten Faust. Die gekrümmten Finger zeigen nach oben. Dann strecken Sie den Arm in Schulterhöhe nach vorne und drehen dabei die Hand so um, dass die gekrümmten Finger nach unten zeigen. Denken Sie daran, dass die Schulter nicht hochgezogen werden darf!
- Verbinden Sie jetzt die zwei letzten Bewegungen, wobei Sie Ihre Aufmerksamkeit auf die Schulter, die leicht rückwärts zieht, konzentrieren sollen. Die Finger sind locker zur Hohlfaust eingerollt. Der Laogong-Punkt ist nach oben gerichtet. Drehen Sie den Arm spiralförmig nach vorne. Die Hohlfaust ist nun in Schulterhöhe, und der Laogong-Punkt zeigt nach unten. Der Arm ist leicht durchgestreckt, die Schulter bleibt locker (Abbildung 55).
- Gehen Sie wieder in die Ausgangsposition zurück, und wiederholen Sie die Übung dreimal. Wieder erkennen Sie hier das Yin-Yang-Prinzip: Wenn Sie den Arm nach vorne führen, konzentrieren Sie sich rückwärts auf die Schulter. Das braucht ein wenig Übung, wird Ihnen aber schnell gelingen.
- Sitzen Sie aufrecht, und tragen Sie in Gedanken Ihr Gefäß auf der linken Schulter. Arme und Beine befinden sich in der Ausgangsstellung.

Während Sie den Arm spiralförmig nach vorne drehen, ist der Rücken gerade und entspannt (Abb. 55). ▶

- Ziehen Sie die Schulter mit dem Gefäß leicht nach hinten, und führen Sie gleichzeitig den rechten Arm in Schulterhöhe nach vorne. Ihre Hand bildet während der ganzen Übung eine leichte Hohlfaust. Der Laogong-Punkt zeigt nach unten. Spüren Sie die Kraftdynamik. Zur Kontrolle strecken Sie den Arm stark durch und ziehen ihn mit der Schulter nach vorne. Sie werden deutlich spüren, dass die Kraft im Arm und in der Schulter verloren geht.
- Ziehen Sie Arm und Schulter wieder so weit zurück, bis Sie Ihre Kraft optimal spüren.
- Gehen Sie locker in die Ausgangsstellung zurück. Wiederholen Sie die Übung noch dreimal.

Denken Sie daran, dass Ihre Schulter locker und tief bleibt. Verlieren Sie Ihre Mitte nicht, indem Sie sich vorne auf die Faust konzentrieren. Die Bewegung des Armes und die Drehung in der Taille sollten gleichzeitig durchgeführt werden.

Faust mit halber Drehung schräg nach vorne stoßen

- Als Nächstes sehen Sie nach links und drehen den Oberkörper ebenfalls nach links.
- Führen Sie mit der Schulter und dem Arm die gleiche Übung durch wie zuvor. Die Hand befindet sich wieder in Schulterhöhe.
Durch die leichte Drehung des Oberkörpers zeigt aber nun die Hand schräg nach links außen (Abbildung 56). Wiederholen Sie die Übung.

Mit den Augen funkeln

- Wiederholen Sie die Übung noch zweimal, indem Sie scharf mit den Augen funkeln und den Arm schnell nach vorne stoßen, so als müssten Sie etwas wegstoßen. Lassen Sie die linke Seite locker, und führen Sie die Übung anschließend auch mit der rechten Seite durch.

◀ *Drehen Sie den Kopf während der Übung nach links (Abb. 56).*

Hauptübung

- Stellen Sie sich zu Beginn der Hauptübung aufrecht hin, und führen Sie die Vorübungen zum Reitersitz so durch, wie auf Seite 42 beschrieben. Beginnen Sie wieder mit dem Abrollen der Füße. Achten Sie dabei auf Ihre Fuß- und Kniestellung und darauf, dass Ihr Becken so weit zurückgelehnt ist, dass Sie nicht mehr mit den Fersen vom Boden hochkommen. Gehen Sie in dieser Haltung abwechselnd tiefer und höher. Fühlen Sie, wie sich Ihr Körper beim Tiefergehen fester mit dem Boden verhaftet und sicher verwurzelt.

Achten Sie jedes Mal beim Ändern Ihrer Fußhaltung darauf, dass Sie dabei Ihren Fuß sanft und weich abrollen.

- Während Sie in den Reitersitz gehen, führen Sie die Unterarme in Taillenhöhe, die Hände sind zur leichten Faust geformt (Abbildung 57). Drehen Sie sich von der Taille aus nach links, und gehen Sie gleichzeitig tiefer in die Knie.
- Stoßen Sie mit der linken Hand nach links, und achten Sie vor allem darauf, dass sich die Faust in Schulterhöhe befindet (Abbildung 58). Richten Sie Ihre Aufmerksamkeit während des Stoßens auch auf die linke hintere Schulter. Funkeln Sie mit den Augen, und atmen Sie gleichzeitig stoßartig aus.
- Beenden Sie die Übung, indem Sie aus dem leichten Kniestand hochgehen, den linken Fuß abrollen und ihn zum rechten zurückstellen. Führen Sie den linken Arm und den Oberkörper einatmend in die Ausgangsstellung zurück. Sie sehen wieder mit entspannten Augen nach vorne, der Unterarm ist in Taillenhöhe, das »Faustherz« zeigt nach oben. Führen Sie die gleiche Übung nach der rechten Seite durch, und wiederholen Sie beides noch einmal.
- Zur anschließenden Wiederholung aller bisher gelernten Übungen lassen Sie sich wieder auf eine schöne Landschaft einschwingen und verbinden sich mit ihr. Nehmen Sie die Gebetshaltung ein, und führen Sie dann die ersten sieben der insgesamt acht Brokate mit allen Vor- und Hauptübungen aus.

Spüren Sie, wie Sie allen inneren Stau und innere Aggressionen loswerden. Wer zu viel Yang und zu viel »Überaktivitäten« in sich hat, fühlt eine Befreiung. Ihr Qi fließt gleichmäßig, Blockaden lösen sich auf, und eine innere Ruhe, Gelöstheit und neues Yin können in Ihrem Körper auf wunderbare Weise wirken. Diese siebte Brokat-Übung ist zusätzlich eine gute Atemübung, sie dehnt und entlastet aber auch die Lendenwirbelsäule und kräftigt Oberarm und Beinmuskeln.

Sie ist wiederum ein gutes Beispiel für die positiven Auswirkungen der Brokat-Übungen auf den gesamten Körper und natürlich auch auf den Geist.

Während Sie den Arm nach vorne geben und mit den Augen funkeln, atmen Sie, ähnlich wie manche Sportler, stoßartig aus. Das verbrauchte Qi wird ausgestoßen, und frisches Qi kann wieder aufgenommen werden.

▲ *Stellen Sie sich in den Reitersitz. Formen Sie die Hände, wenn Sie sie auf Taillenhöhe führen, zu einer leichten Faust. Drehen Sie sich dann leicht nach links, und gehen Sie tiefer in die Knie (Abb. 57).*

◄ *Wenn Sie den Arm ruckartig vorstoßen, sollten Sie auch Ihren Atem kraftvoll ausstoßen (Abb. 58).*

Achte Brokat-Übung

Der Frühling kehrt ins Leben zurück oder siebenmal klopfen, um Krankheiten zu vermeiden

Während Sie die acht Brokate üben, sollen Sie langes Leben, ein neuer Frühling und gutes Qi, das gleichmäßig durch den Körper fließt, verjüngen.

Während Sie bei der letzten Übung Ihr überschüssiges Yang loslassen konnten, sollen Sie jetzt wieder aktivierendes, neues Yang tanken. Das sagt schon die Zahl Sieben. Sieben ist eine ungerade Zahl und somit dem Yang zugeordnet. Die Zahlen spielen in der traditionellen chinesischen Medizin eine große Rolle. Mit dem Frühling beginnt das Jahr, und so soll es Ihnen ergehen, wenn Sie die Übungen durchgeführt haben. Der Jahreskreis und der Kreislauf Ihres Lebens sollen sich schließen, indem er wieder mit dem neuen Leben spendenden Frühling beginnt.
Wenn Sie den Namen der ersten Übung »Nach links und rechts sehen, um Krankheiten zu vermeiden« mit dem Namen der achten Übung »Siebenmal klopfen, um Krankheiten zu vermeiden« vergleichen, so werden Sie feststellen, dass sich auch bei der Namensfindung der acht Brokate der Kreis schließt. Die acht Brokate sollen die Krankheiten vermeiden, uns gesund erhalten und ein langes Leben gewähren.

◀ *Achten Sie darauf, dass Sie beim Hochziehen der Fersen die Zehen am Boden lassen (Abb. 59).*

◀ *Lockern Sie die Beine und Füße, ind Sie die Füße einige Male kreisen (Abb.*

Vorübungen

Zehen hochziehen

- Setzen Sie sich wieder zur Vorübung wie gewohnt auf den Stuhl, stellen Sie aber nur die Fersen auf den Boden. Ziehen Sie die Zehen so weit wie möglich nach oben. Spüren Sie, wie die Wadenmuskeln angespannt sind. Zählen Sie bis zehn, und stellen Sie dann genauso lange die Zehen auf den Boden.

Fersen hochziehen

- Ziehen Sie die Fersen so stark wie möglich hoch, bis Sie vorne auch Schien- und Wadenbein spüren. Wiederholen Sie die Übung dreimal (Abbildung 59).
- Heben Sie abschließend die Füße zur Lockerung etwas vom Boden ab, und lassen Sie sie viermal nach rechts und viermal nach links langsam kreisen (Abbildung 60).

Hauptübung

- Stellen Sie sich in gewohnter Stellung aufrecht hin. Fühlen Sie an der Fußsohle die Zehen, die Außenkante und die Ferse, also die Kontaktstellen Ihres Fußes zum Boden. Der Yongquan-Punkt, die »sprudelnde Quelle«, nimmt Kontakt zum Qi der Erde auf, und der Baihui-Punkt am Kopf nimmt wiederum Kontakt zum Qi des Himmels auf. Lassen Sie die Schultern ganz locker hängen. Fühlen Sie sich über den Baihui-Punkt mit dem Himmel verbunden.
- Nun stellen Sie sich wieder einen »goldenen Faden« vom Baihui-Punkt

▼ *Lassen Sie sich vom »goldenen Faden« so weit wie möglich nach oben ziehen (Abb. 61).*

▼ *Wenn Sie auf die Fußsohlen zuückfallen, lockern Sie den gesamten Körper (Abb. 62).*

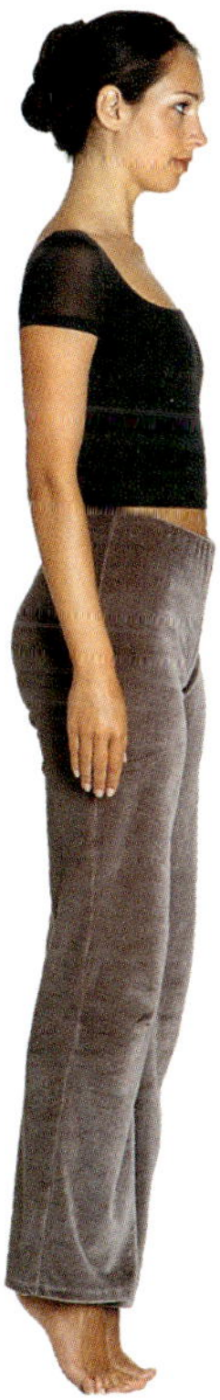

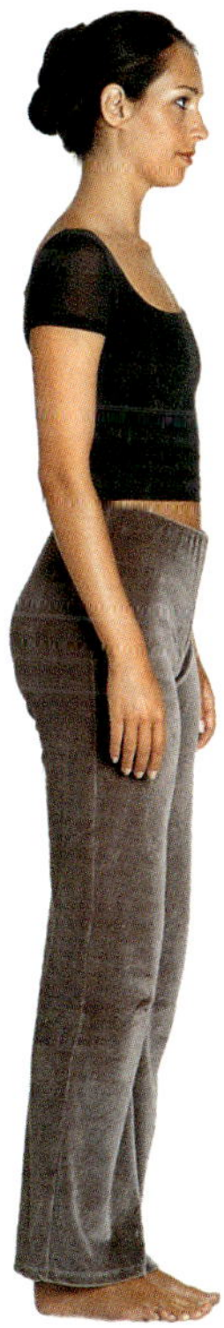

zum Himmel vor. Der »goldene Faden« zieht Sie nach oben, während Sie die Ferse abheben und so weit wie möglich mit dem Fuß hochgehen, so dass Sie nur noch mit den Zehen und dem Ballen auf dem Boden stehen (Abbildung 61).

- Lassen Sie sich dann wieder locker auf die Fußsohle zurückfallen. Während des Zurückfallens werden die Energien und das Qi im Körper wachgerüttelt. Dabei wird der ganze Körper, beginnend beim Hals, über die Schultern, den Rücken und das Becken bis nach unten zu den Beinen gelockert. Energieblockaden lösen sich langsam auf, und das Qi kann wieder frei fließen, denn überall, wo der Körper krank ist, kann kein Qi fließen – es staut sich. Führen Sie die Übung insgesamt sechsmal durch (Abbildung 62).

Wiederholung aller acht Übungen

Vielleicht haben Sie die Übungen schneller gelernt, als Sie dachten. Gut vorbereitet können Sie jetzt der Reihe nach mit der Durchführung aller acht Brokate beginnen. Versetzen Sie sich wieder in eine schöne Landschaft, und gehen Sie in die Gebetshaltung, während Sie sich auf das Dantien konzentrieren. Führen Sie dann nacheinander alle Übungen der acht Brokate durch.

Fühlen Sie, wie sich Ihre Blockaden langsam lösen und Ihr Körper wohlig wird und sich entspannt.

- Am Ende der achten Übung reiben Sie, um mehr Qi aufzuladen, dreimal Ihre Hände aneinander auf und ab.
- Anschließend führen Sie das Qi in den Körper zurück, indem Sie die Fingerspitzen auf das Kinn legen und dann die Hände an der Nase entlang nach oben zur Stirn führen (Abbildung 63).
- An der Stirn angekommen, gehen Sie mit den Händen nach außen zu den Schläfen und dann seitlich wieder nach unten (Abbildung 64). Diese Übung führen Sie insgesamt dreimal durch. Drei ist wieder eine aktivierende Yang-Zahl.
- Zum Schluss legen Sie die Hände übereinander auf Ihr Dantien, etwa zwei Finger breit unter Ihrem Bauchnabel. Die Laogong-Punkte an Ihren Händen sind übereinander.

- Die Sonne steht in Ihrer Vorstellung über Ihnen. Fühlen Sie, wie Ihr Qi gleichmäßig durch den Körper fließt und Sie gesund und leistungsfähig macht. Fühlen Sie sich mit dem Qi der Erde, dem des Himmels und dem der Umgebung verbunden.

Schwingen Sie sich ein in den »großen himmlischen Kreislauf«, den des Himmels (Yang) und der Erde (Yin), und den »kleinen himmlischen Kreislauf« (siehe Seite 8).

Die Sonne scheint von oben bis nach unten tief in Ihr Dantien, erwärmt Sie, macht Sie hell, warm und freundlich. Sie sind mit sich selbst und Ihrer Umgebung im Einklang, fühlen sich zufrieden und lächeln sich zu. Sie sagen ja zu diesem Augenblick und danken für die Wohltat, die Sie empfinden.

Beenden Sie den Übungszyklus, indem Sie die nun mit Qi aufgeladenen Hände über das Gesicht führen und dadurch das Qi gestärkt in den Körper zurückgeben.

◀ *Sie konservieren das Qi, indem Sie die Hände auf Ihr Gesicht legen und langsam in Richtung Stirn führen (Abb. 63).*

◀ *Streichen Sie insgesamt dreimal nach außen zu den Schläfen und seitlich nach unten (Abb. 64).*

Schlusswort

Wenn Sie die Übungen regelmäßig durchführen, werden Sie sich am ganzen Körper, vor allem in den Gelenken, weicher und geschmeidiger fühlen. Viele Beschwerden, von den Füßen über die Beine zur Wirbelsäule bis zum Hals, können vergehen. Ihr Gang wird aufrecht, Ihr Atem tiefer, und Sie fühlen sich immer freier und wohler. Gelangen Sie durch die Bewegung zur Ruhe und umgekehrt von der Ruhe zur Bewegung. Fühlen Sie Ihre Mitte, Ihr inneres Gleichgewicht, um ins »Wu Wei« zu gelangen. Bewahren Sie aber immer Geduld, denn wenn Sie nicht den Weg der kleinen Schritte anerkennen und eilig hasten, dann gewinnen Sie gar nichts, sondern Sie gehen am Ziel vorbei.
Ein altes chinesisches Sprichwort sagt:

Das Wort »Geduld« ist ein Schatz im Haus.

Bewahren Sie sich diesen Schatz. Denken Sie auch während der Durchführung der Übungen daran.
Ein Satz von Laotse, den Sie sich ebenfalls zu Herzen nehmen sollten, lautet:

Die größte Offenbarung ist die Stille.

Ich wünsche Ihnen, dass Sie in Ihre Stille kommen, und möchte das Buch mit einem anderen chinesischen Spruch beenden:

Wenn ich einen grünen Zweig im Herzen trage, wird sich ein Singvogel darauf niederlassen.

Lassen Sie durch Qi Gong einen grünen Zweig in Ihrem Herzen wachsen, und erwarten Sie in Geduld, was auf Sie zukommt (vielleicht doch ein wunderschöner Singvogel?).

Wenn Sie täglich die acht Brokate durchführen, vergessen Sie nicht, auch immer wieder die Vorübungen zu wiederholen. Fühlen Sie, wie Ihr Qi gleichmäßig durch den Körper fließt, und spüren Sie die neu entstehende Lebensqualität.

Über die Autorin

Angela Englmann unterrichtet seit mehr als 30 Jahren Yoga und bildet selbst Yogalehrer aus. Unter ihrem Mädchennamen Scharnagl sowie unter dem Namen ihres ersten Mannes, Steinacker, veröffentlichte sie zum Thema Yoga bereits zahlreiche Bücher. Seit nunmehr vier Jahren lehrt sie in eigener Praxis Qi Gong, das sie in München und Peking erlernt hat.

Bildnachweis

Alle Bilder stammen von Susanne Kracke, München, außer: AKG, Berlin: 2/Laotse; Archiv Gerstenberg, Wietze: 1; Engelmann Angela, München: Titel/Einklinker; Fotoarchiv, Essen: 2/China (L. Day); Tony Stone, München: Titel/Fond (A. Evrard)

Anmerkung der Redaktion

Diesem Buch liegt die im Juli 1996 in Wien beschlossene und seit 1.8.1998 verbindliche Neuregelung der deutschen Rechtschreibung zu Grunde.

Hinweis

Das vorliegende Buch ist sorgfältig erarbeitet worden. Dennoch erfolgen alle Angaben ohne Gewähr. Weder Autorin noch Verlag können für eventuelle Schäden, die aus den im Buch gemachten Hinweisen resultieren, eine Haftung übernehmen.

Impressum

Redaktion
Sybille Möhring, Margit Brand
Projektleitung
Berit Hoffmann
Redaktionsleitung
Dr. Reinhard Pietsch
Bildredaktion
Gabriele Feld
Umschlag
Till Eiden
DTP-Produktion
Irmi Putterer, München
Maren Scherer, München
Produktion
Manfred Metzger (Leitung), Annette Aatz, Dr. Erika Weigele-Ismael
Druck
Weber Offset, München
Bindung
R. Oldenbourg, München

Gedruckt auf chlor- und säurearmem Papier

Printed in Germany

ISBN 3-7787-3817-8

Register

Achte Brokat-Übung 58ff.

Baihui-Punkt 10, 16, 23, 36, 47, 59
Bewegung 6, 62
Bezugsperson 20
Blasenmeridian 23
Blockaden 7, 60
Bogen halten (Übung) 38, 40, 42
Brokate, acht 5, 18ff.
- Wiederholung 60ff.

Dantien 10, 37, 60f.
Denken, taoistisches 8
Dickdarmmeridian 23
Dienergefäß 8
Dreifacher-Erwärmer-Meridian 23, 26
Dritte Brokat-Übung 32ff.
du-Leitbahn (Yin) 8
Dünndarmmeridian 23

»Elsterbrücke« 8
Erste Brokat-Übung 21ff.

Fünfte Brokat-Übung 46ff.

Gallenmeridian 23
Gebetshaltung 11, 19f., 26, 28, 30, 37, 56, 60

Hauptübungen 19, 24ff., 31, 36, 44, 48f., 51f., 56f., 59f.
Herzmeridian 23

Immunsystem 7

Kontaktpunkte 9f., 59
Körper, Geist und Seele, Einheit von 7
Krankheiten hinter sich lassen 21
Kreislauf
- großer himmlischer 8ff., 61f.
- kleiner himmlischer 8ff., 20, 61f.
Kreislaufmeridian 23

Laogong-Punkt 10, 34, 36, 38, 46, 61
Laotse 9, 62
Lenkergefäß 8
Lungenmeridian 23

Magenmeridian 32
Meditation 6
Meridiane 6, 9, 23
Milz-Pankreas-Leitbahn 32
Mitte, innere 7, 20, 62

Nierenmeridian 10, 46
Nierenorgane stärken 50

Qi 9ff., 20, 36, 59ff.
- Wortbedeutung 6
Qi-Atmung 20
Qi Gong 4f., 18, 62
- Definition 6
- Wirkung 7
Qi-Gong-Kugeln 11
Qi-Gong-Übungen allgemein 6f.

Reitersitz (Übung) 42ff., 48, 56
ren-Leitbahn (Yang) 8

Sammlung, innere 20
Sechste Brokat-Übung 50ff.
Sehen, bewusstes 21
Siebte Brokat-Übung 53ff.
Sinne 24
Speichel 8
Spiraldynamik 32
Stehen, richtiges 12ff.

Übungen 11
- Aufbau 19
- für das Becken und die Lendenwirbelsäule 15
- für die Füße 13f.
- für die Wirbelsäule 16
- für Knie- und Hüftgelenke 14f.

Vierte Brokat-Übung 38ff.
Vorübungen 19, 21, 38, 40, 42, 46ff., 50, 53ff., 58
- für den linken und rechten Arm 32, 34, 36
- für Finger und Hand 26, 28

Wasserhahn auf-/zudrehen (Übung) 22
Wu Wei (innere Stille) 7

Yang-Meridiane 23, 26, 32
Yin und Yang 7, 9, 19, 54, 61
Yin-Meridian 32
Yongquan-Punkt 10f., 16, 36, 46

Zhang Guangde 5
Zweite Brokat-Übung 26